KB119917

나는 오늘도 콘텐츠를 팝니다

나는 오늘도 콘텐츠를 팝니다

샌드박스네트워크 이필성 대표의 유튜브 콘텐츠 성공의 비밀

| 이필성 지음 |

위즈덤하우스

개성 넘치고 매력적인 콘텐츠가 비즈니스 인사이트와 만날 때

"It's all started from iphone."

"아이폰으로부터 모든 것이 시작되었다"는 이 문장은 구글에서 작성한 '모바일 인터넷 마니페스토(manifesto)'의 첫 문장이다. 2010년 무렵, 구글에서는 모바일 중심으로 모든 비즈니스의 급격한 전환이 일어났다. 이는 구글처럼 선도적인 기업에서조차 굉장히 큰 사건이었다. 새롭게 열린 모바일 시대와 더불어 디지털 네이티브 세대가 등장했고, 이들이 성장하며 콘텐츠 산업은 패러다임의 급격한 전환기를 맞고 있다. 이와 관련한 산업 전반의 이야기를《나는 오늘도 콘텐츠를 팝니다》에 담았다.

2~3분짜리 짧은 동영상이 파장을 일으키며 전 세계로 퍼져나가고, 부모 세대들이 보았던 드라마나 가요가 다시 소환되며, 조롱의 대상이던 콘텐츠가 밈 현상을 불러일으키며 대중의 놀이로 부상하고 있다. 취미로 하던 일이 직업이 되고, 아주 평범한 개인들이 매력을 발산하며 연예인 못지않은 인기를 누린다.

이 모든 현상이 가능해진 것은 콘텐츠 산업을 구성하는 요소 중

하나인 미디어의 변화 때문이며, 모바일의 등장이 변화의 기폭제가 되었다. 30년 전 미디어는 고작 4~5개 정도였고, 10년 전만 해도 30~40개에 불과했다. 지금은 수백 수천 만 개의 미디어가 존재한다. 그만큼 콘텐츠가 노출될 터전이 많아졌다는 의미다. 달리 말해 상업적인 콘텐츠로 인정받고 확장될 수 있는 기회와 범주가 확장됐다는 뜻이기도 하다.

다양한 취향의 발견, 다양한 콘텐츠의 소비

고슴도치를 기르는 영상이 어째서 수십 만 조회 수가 나오는 걸까? 졸졸졸 물 흐르는 소리와 화면을 왜 몇 시간씩 보고 있을까? 말도 안 되는 코미디를 보면서 사람들은 왜 그리 즐거워하는 걸까? 다른 사람이 음식을 먹거나 게임하는 것을 무엇 때문에 즐기는 걸까? 가까운 친구나 동료 심지어 가족들의 동영상 재생 목록과 구독 채널은 왜 그토록 서로 다른 걸까?

참으로 희한한 현상이면서 한편 자연스러운 현상이다. 인간은 각자 다르게 태어나 성장했기에 성별도, 나이도, 직업도, 좋아하는 음식도, 시간을 보내는 성향도, 삶의 호흡도 차이가 나게 마련이다. 그들 각자가 원하는 콘텐츠 역시 다를 수밖에 없다. 이처럼 다양한 취향과 기호, 필요가 반영된 콘텐츠들이 만들어지고 소비되면서 비즈니스 세계가 급변하고 있다.

이와 관련해 가장 중요하게 봐야 할 현상은 공급자 중심의 시장에서 소비자 중심의 시장으로 변화했다는 점이다. 미디어가 희소할 때는 미디어를 가진 공급자의 파워가 막강했다. 어떤 콘텐츠를 제작하고 내보낼지를 공급자들이 결정했고, 그만큼 소비자들은 선택의 폭이 좁았다. 일방적 수용이라는 관점에서 보면 일종의 독과점 시장에 가까웠다.

그러나 지금은 다르다. 독과점 시장이 무한경쟁 시장으로 바뀌었고, 소비자의 선택권이 훨씬 다양해졌다. 정보화 시대 이전에는 동영상 시청도 레거시 미디어(Legacy media), 즉 TV 중심이었지만 지금은 다양한 미디어로 동영상을 즐기고 있다. 케이블방송, IPTV, 위성방송 등 전통 유료방송의 사용자들이 스트리밍에 기반을 둔 OTT(Over The Top) 서비스로 옮겨가고 있다. 때문에 콘텐츠의 중요성과 영향력은 더욱 커질 수밖에 없다.

새로운 비즈니스의 물결에 올라탈 것인가, 휩쓸릴 것인가

2014년 나와 도티는 LA에서 열린 비드콘(VidCon) 행사에서 새로운 시대의 개막을 목격했다. 글로벌한 엔터테인먼트 기업의 최고 엘리트들과 산업 관계자들이 모인 '인더스트리얼 트랙(Industrial

Track)' 이라는 학술 포럼에서 충격적인 사실들을 접했다. 미국 TV에 쏟아지는 광고비용과 디지털 콘텐츠에 쏟아지는 광고비용이 거의 100배 차이가 난다는 내용이었다. 또한 디지털 콘텐츠업계에 돈을 쏟아붓고 투자하는 회사들의 시가총액이 TV 산업을 뒷받침하고 있는 방송, 통신, 엔터테인먼트 회사 수십 개의 시가총액을 모두 합친 것보다 훨씬 크다는 것도 알게 됐다.

그뿐 아니다. 구글, 애플, 아마존, 페이스북, 넷플릭스 등 자금력과 역량을 가진 기업이 미디어 비즈니스에 투자하고 있었다. 그건 콘텐츠 사업의 미래가 그만큼 밝다는 증표였다. 당시 발표자는 이런 질문으로 마무리했다. "앞으로 돈이 어디로 흐를 것 같나요? 한번 맞춰보세요." 이는 내 인생에 새로운 전환점을 제시한 질문이었다.

그날의 충격 이후 고민 끝에 구글을 나와 샌드박스를 창업했다. 콘텐츠 산업과 디지털 엔터테인먼트를 둘러싸고 어떤 일이 일어날지, 그것이 또 우리 삶을 어떻게 변화시킬지 생각만으로도 가슴이 뛰었다. 스타트업을 시작하며 디지털 엔터테인먼트의 새로운 생태계를 만들어보고 싶다는 꿈을 꾸었고, 그 꿈에 도전한 지 5년이 되었다. 모바일이 세상을 바꿀 것이라는 애플의 선언은 불과 10년 남짓 되었다. 길지 않은 시간 동안 콘텐츠와 미디어 산업은 놀라울 정도로 급속한 변화를 맞았다. 이 흐름으로 본다면 21세기 '뉴 골드러시'의 한 축은 디지털 엔터테인먼트가 될 것이 분명하다.

모두가 연결된 열린 세상, 누구라도 주인공이 될 수 있다

글로벌 세상에 새로운 물결을 일으킨 BTS의 성공, 유튜브 방송을 통한 아주 평범한 개인들의 활약, 디지털 미디어와 플랫폼을 활용한 기업들의 마케팅 전략. 이 모든 것의 중심에는 콘텐츠가 있다. 미디어 환경과 산업의 구조가 실시간으로 바뀌는 요즘, 가장 중요한 것은 남들과 다른 나만의 개성 있는 콘텐츠를 만들어내는 일이다. 나아가 그것을 효과적으로 드러내고 팔기 위해서는 산업의 구조와 흐름을 알고 영리하게 활용하는 것이 필요하다.

《나는 오늘도 콘텐츠를 팝니다》는 콘텐츠, 인플루언서, 미디어 플랫폼 등을 중심으로 콘텐츠 산업 전반을 두루 다루고 있다. 콘텐츠 산업의 한 축을 담당한 일원으로서 보고, 듣고, 경험한 이야기를 많은 이들과 공유하고 싶었다. 한 분야를 깊게 파고들거나 학술적인 담론이나 이론을 제시하는 대신 현장의 이야기를 최대한 쉽고 생생하게 들려주는 데 중점을 두려 했다.

지금 우리를 둘러싼 콘텐츠 산업은 어떤 흐름 속에서 재편되고 있으며 어떤 미래로 나아가고 있나? 급변하는 거대한 물줄기에 올라타 성공의 기회를 잡기 위해서는 무엇을 포착해야 할까? 압도적 플랫폼인 유튜브 생태계는 어떻게 구동되며 어떤 영향력을 행사할까? 나 역시 이러한 흐름이 만들어낼 변화가 궁금하다.

이 책에서 콘텐츠를 활용한 비즈니스에 필요한 단 하나의 혜안이라도 얻을 수 있다면 더할 나위 없겠다. 시공간의 경계를 넘어 모두가 연결되는 열린 세상, 나만의 콘텐츠가 있다면 누구라도 주인공이 될 수 있다.

이필성

Contents

Chapter 5_ 유튜브라는 트루먼 쇼

모든 것이 중계되고, 누구라도 주인공이 된다

Chapter 6_ 경계 없는 글로벌 세상

시간과 공간의 경계를 넘어 연결되는 미래

새로운 콘텐츠의 시대가 도착했다

Chapter 1_ 콘텐츠 산업의 패러다임 전환

돈이 되는 콘텐츠를 아는 사람, 모르는 사람

글로벌 세상에 새로운 물결을 일으킨 BTS의 성공, 유튜브 방송을 통한 아주 평범한 개인들의 활약, 자기만의 매력을 마음껏 드러내며 영향력을 행사하는 인플루언서들. 이 모든 것의 중심에는 콘텐츠가 있다.

미디어 환경과 산업의 구조, 대중들의 취향과 기호가 실시간으로 바뀌는 요즘, 남들과 다른 나만의 개성 있는 콘텐츠를 갖고 있다는 건 행운이다. 그리고 그것에 개성을 부여해 잘 활용할 수만 있다면 비즈니스로 연결하기 쉬울 뿐 아니라 무궁무진한 기회와 가능성의 바다가 열린다.

대체 콘텐츠가 뭐야?

'콘텐츠'가 중요하다고들 하는데 사실 그 개념은 다소 막연하다. 대체 콘텐츠라는 건 뭘까? 여기서는 사전적 정의는 제쳐두고 나의 관점과 해석을 통해 콘텐츠에 대해 살펴보려 한다.

사람들은 유무형의 재화와 서비스를 소비하면서 어떠한 특정의 심상(心像)을 느끼는데, 실상 그 모든 것을 콘텐츠라 할 수 있다. 가령 가족끼리 저녁 식사를 하다가 부모님이 그날 이웃과 사소한 일로 다툰 이야기를 한다고 해보자. 그날의 미디어는 가족들의 저녁 식사인 셈이고, 그 상황에서의 콘텐츠는 이웃과 싸웠던 일화다. 그 이야기를 통해서 청중이 얻게 되는 심상은 분노나 짜증일 수도 있고, 공감이나 재미일 수도 있다. 이런 일상적 사례뿐 아니라, 그 범위를 좀 더 광범위하게 확대해보면 세상의 모든 것이 콘텐츠라 할 수 있다.

다시 말해 콘텐츠란 특정 포맷을 갖추고 어떤 미디어를 통해 청중에게 전달돼 구체적인 심상이나 감정을 일으키는 유무형의 자산이다. 이런 개념을 갖고 접근하면 무엇이 콘텐츠가 될 수 있는지 조금은 선명해진다. 그것을 발전시키고 가다듬으면 비즈니스 기회를 만들 수도 있다. 이때 중요한 것은 가치 있으며 퀄리티가 담보되는 콘텐츠를 생산하는 것이다. 그러기 위해서는 자신만의 개성과 매력을 잘 드러낼 수 있는 컴포넌트(Component), 즉 구성요소가 필요하다.

예를 들어 '허리 건강'에 대해 이야기한다고 해보자. 평소 허리가 좋지 않았던 일반인이 자신의 경험을 이야기하는 것도 콘텐츠고, 그 분야 전문가가 이야기하는 것도 콘텐츠다. 그러나 콘텐츠의 질과 가치에 있어서는 차이가 있다. 의학적 지식이 부족한 일반인의 이야기는 전문성에서 신뢰도가 상당히 떨어진다.

반면 정성근 교수가 쓴《백년 허리》라면 어떨까? 저자가 자신의 평생을 바친 연구결과와 다양한 환자 사례, 수많은 경험을 녹여낸 그 한 권의 책은 콘텐츠로서의 가치를 지닌다. 정성근 교수라는 화자가 책이라는 미디어에서 텍스트라는 포맷을 가지고 허리로 고통받는 수많은 독자들에게 유용함이라는 심상을 전달했다면, 콘텐츠로서의 가치는 올라간다.

그 내용이 대중적이고 보편적이라면 수백만 독자들이 공감할 것이고, 특정 질환에 대해서만 다룬다면 코어 타깃에 한정되는 가치를 지닐 것이다. 누가 어떤 콘텐츠를, 어떤 방식으로, 어떤 대상을 타깃으로 생성해낼 것인가. 그러한 요소들에 따라서 콘텐츠가 소비되는 방식과 콘텐츠가 일으키는 심상, 감정, 유용성은 달라진다. 그래서 세상에는 다양한 콘텐츠가 있을 수밖에 없고 모두 제각각 나름대로의 가치를 지닌다.

콘텐츠 중에는 코어한 가치를 지닌 것이 있는가 하면 보다 대중적인 것이 있다. 아무래도 다수의 대중들이 호응하는 콘텐츠는 상업성이 높아질 수밖에 없으며, 상업성을 부정적으로 볼 필요는 없다. 많은 사람들의 공감대를 형성해 인정받는 가치를 지닌 콘텐츠가 상업성을 갖는 것은 당연하다. 돈을 내고 소비할 만한 가치가 있는 콘텐츠로서 자격을 갖추고 있다는 의미니 말이다. 그리고 돈을 내고 소비하는 콘텐츠가 많이 생성되면 결국 콘텐츠 산업은 저변이 확대되고 발전하게 된다.

콘텐츠 산업을 둘러싼 급속한 변화들

콘텐츠 산업을 구성하는 가장 중요한 요소 중 하나인 미디어 분야에 최근 변화가 나타나기 시작했다. 30년 전만 해도 미디어는 고작해야 4~5개 정도였고 10년 전까지만 해도 30~40개에 불과했다. 그런데 지금은 어떤가. 수백 만, 수천 만 개의 미디어가 존재한다. 상업적인 콘텐츠로 인정받을 수 있는 기회 자체가 적었던 예전에 비해 기회가 훨씬 더 많아지고 그 범주가 훨씬 더 넓어졌다는 뜻이기도 하다. 그리고 그 변화를 촉발시킨 것이 바로 모바일 미디어의 확대다.

이런 변화에 이어 눈여겨볼 가장 중요한 현상은 공급자 중심의 시장에서 소비자 중심의 시장으로 변화했다는 점이다. 미디어가 희소할 때는 미디어를 가진 공급자의 파워가 막강했다. 어떤 콘텐츠를 제작하고 내보낼지를 공급자들이 결정했고, 그만큼 소비자들은 선택의 폭이 좁았다. 일방적 수용이라는 관점에서 보면 일종의 독과점 시장에 가까웠다.

그러나 지금은 사뭇 다르다. 독과점 시장이 무한경쟁 시장으로 바뀌었고, 소비자의 선택권이 훨씬 다양해졌다. 동영상 시청만 해도 예전에는 거의 레거시 미디어(Legacy media), 즉 정보화 시대 이전에 우위를 점했던 대중매체인 TV 중심이었지만 지금은 판도가 달라졌다. 케이블방송, IPTV, 위성방송 등 전통 유료방송의 사용자들이 스트리밍에 기반을 둔 OTT(Over The Top) 서비스로 옮겨가고 있다. 경제잡지 〈이코노미스트〉는 이런 현상과 관련해 다음과 같은 기사를 실었다.

"시장조사업체 이마케터에 따르면 미국에서 '코드커팅(Code Cutting, 유료방송을 끊고 OTT 서비스에 가입)'을 한 사람은 2018년 8월 기준 3,300만여 명에 달했다. 2022년에는 5,510만 명으로 불어날 전망이다. 시장조사기관 IHS마킷 조사를 보면 넷플릭스, 훌루, 아마존 등 온라인 스트리밍 구독자는 지난해 6억 1,330만 명으로 전년 대비 37퍼센트 급증했다. 케이블TV 가입자 수 5억 5,600만 명을 추월했다. 미국 최대의 케이블TV 사업자 컴캐스트는 지난해 4분기 모든 채널 가입자 수가 줄었다고 밝혔고, 미국 소형 케이블업체 RTC는 올해 7월부로 서비스를 종료한다."

이는 미국에서뿐만 아니라 우리나라에서도 거의 동일하게 일어

〈미국 내 코드커팅 전망〉

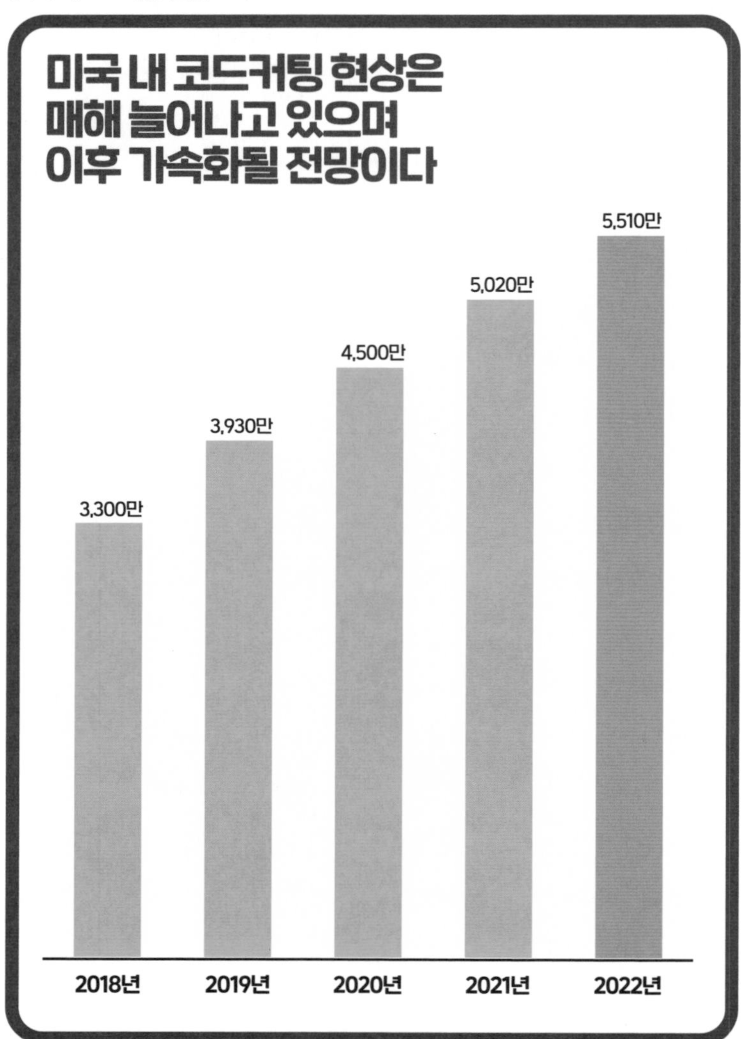

단위 | 명(누적 해지자 수), 출처 | 이마케터

나고 있는 변화다. 이런 식의 코드커팅이 벌어지는 것은 OTT가 기존 방송보다 경쟁력이 있기 때문이다. 콘텐츠 선택권이 공급자에서 수요자 중심으로 바뀌었고, 가만히 있어도 다양한 개인의 취향과 기호에 맞는 콘텐츠를 알아서 찾아준다. 그뿐 아니다. 이용료도 저렴할뿐더러 모바일을 통해 언제 어디서든 이용할 수 있다.

그러다 보니 사람들의 욕구와 필요가 더 명확하게 반영된 시장이 형성되고 있다. 공급자 중심의 시대에는 공급자가 사람들의 니즈를 추정해서 콘텐츠를 끼워 맞추는 시장에 가까웠다면 지금은 사람들이 진짜 원하는 게 무엇인지에 대한 고민을 치열하게 한 후 콘텐츠를 제작한다. 예전에 비해 대중들의 본능과 욕구가 좀 더 솔직하게 반영된 시장으로 변화하게 되었고, 거기서부터 포맷과 주제의 다면화, 다각화가 생겨나고 있다.

취향의 발견, 포맷의 다각화

레거시 미디어가 지배하던 10년 전까지만 해도 '방송은 이래야 한다', '상업적인 콘텐츠는 이래야 한다'는 일정한 포맷이 있었다. 조금 거칠게 요약해서 말하자면 이런 식이다.

매일 주요 시간대별로 일일드라마, 미니시리즈, 주말드라마 등을 배치하고, 고정 시간대에 기본적으로 들어가는 뉴스가 있었다. 드라마만 볼 수는 없으니 가끔씩 웃음을 주는 예능도 편성하고, 케이블방송 같은 데서는 간헐적으로 패션·뷰티 프로그램이 송출되었다. 또 세부 관심사를 아주 무시할 수는 없으니 골프, 바둑, 낚시, 등산 관련 프로그램도 구색 맞추기용으로 만들어서 내보냈다. 시청자들은 그렇게 공급자들이 정해놓은 패턴대로 소비했다.

지금은 이런 패턴이 완전히 무너진 상태다. 주는 대로 보고 즐기라는 일방적인 공급 방식을 사람들은 거부한다. 무한할 정도로 다양한 주제가 그만큼이나 다양한 포맷으로 만들어진다. 정형화된 공식이 그다지 의미 없어진 셈이다. 생긴 대로, 느끼는 대로, 사회문화적으로 원하고 갈망하는 대로 흘러간다. 그렇다고 해서 이전의 콘텐츠 공급자들이 사람들의 취향을 조작했다는 의미는 아니다. 다만 예전의 방식은 공급자들 관점에서 소비자의 니즈와 욕구를 추정한 취향의 혼합이었다면, 지금은 개별적인 소비자 욕구가 훨씬 더 섬세하게 반영되고 있다는 의미다.

고슴도치를 기르는 영상이 어째서 수십만 조회 수가 나올까? 말도 안 되는 코미디를 보면서 왜 그토록 즐거워하는 걸까? 다른 사람이, 배가 터지도록 먹는 것을 무엇 때문에 보고 있을까? 그리고 가까운 친구나 동료들의 동영상 재생 목록과 구독 채널은 왜 그토록 서로 다른 걸까?

참으로 희한한 현상이면서 아주 자연스러운 현상이다. 인간은 각자 다르게 태어나 성장했다. 환경도, 성별도, 나이도, 직업도, 성장

배경도 다르다. 좋아하는 음식도, 여가를 즐기는 방식도, 성격도, 삶의 호흡도 차이가 난다. 그러니 여태 비슷한 콘텐츠를 보고 즐겼던 것이 오히려 인간 본성에 어긋났다고 할 수 있다.

그렇다면 모두 제각각이고 다양한 욕구와 취향을 지닌 사람들은 어떻게 그걸 참아온 걸까? 그동안의 미디어 환경상 콘텐츠는 과소공급 상태였고, 사람들은 그 상태를 특별히 거부하지 않았다. 욕구를 누르면서 살았거나 욕구가 있다는 것 자체를 몰랐기 때문에 주어지는 대로 수용한 것이다.

하지만 욕구가 없었던 게 아니라, 취향과 감수성이 예민하지 않은 환경 때문에 그것을 인지하지 못했다고 봐야 한다. 이제는 더 이상 그럴 필요가 없다. 소비자들 각자가 원하는 다양한 콘텐츠들이 쏟아져나오고 있으며, 우리는 선택만 하면 된다.

아이폰의 등장이 만들어낸 콘텐츠 산업의 스노우볼

2010년 무렵, 구글에서는 모바일 중심으로 모든 비즈니스의 급격한 전환이 일어났다. 구글처럼 선도적인 기업에서조차 굉장히 큰 사건이었다. 당시 구글에서는 PC에서 모바일로의 전환과 관련해 '모바일 인터넷 마니페스토(manifesto)'라는 제목의 선언문 같은 문서를 만들 정도였다.

구글에 있을 당시 접한 그 문서의 첫 문장이 아직도 기억난다. "It's all started from iphone." 해석하자면 "아이폰으로부터 모든 것이 시작되었다"라는 말이다. 단순하면서도 핵심을 찌르는 문장이다. 물론 모바일 시대의 화려한 개막에는 이 외에도 여러 가지 요소들이 영향을 미쳤다. 하지만 패러다임 전환에 있어 가장 중심에 놓인 것은 뭐니 뭐니 해도 아이폰의 등장이다. 스티브 잡스가 전 세계인 앞에서 아이폰을 발표하고 "이제 모바일 인터넷이 가능해졌다"라고 말한 순간 모든 것이 변했다. 섹터별로 변하는 시간과 속도는 다르지만 우리는 그 변화를 지금 몸소 겪고 있다.

모든 것이 아이폰에서 시작되었다

제일 먼저 변한 건 전통적인 인터넷 시장이다. 인터넷이라고 하면 웹사이트로 만들어진 것인데, 웹사이트라는 콘텐츠가 달라졌다. 인터넷은 수많은 종류의 콘텐츠들이 있는 곳이다. 웹사이트, 게임, 이미지와 텍스트로 구현되는 블로그, 동영상 등 콘텐츠의 바다다.

수많은 웹사이트들이 PC 기반으로 만들어져 있었고, 유저들은 웹사이트라는 콘텐츠를 PC에서 소비했다. 그러나 지금은 PC 인터넷과 관련된 통신규칙, 즉 프로토콜(Protocol)이 완전히 달라졌다. 20인치 화면에서 구현되던 것들이 3인치 화면 안에서 구현되는 변화를 맞은 것이다. 이것은 단순한 도구의 변화가 아닌 파괴적 혁신에 가깝다. 20인치를 기준으로 고민하던 모든 것들이 의미 없어졌기 때문이다. 모든 웹사이트, 콘텐츠, 서비스가 3인치의 세상 속으로 들어가야 했다.

이처럼 모바일의 시작과 함께 웹에서 가장 먼저 변화가 왔고, 그 다음 애플리케이션이 변하기 시작했다. 웹에서 구동하는 프로그램을 애플리케이션이라고 부르는데, 모바일 환경에선 애플리케이션을 새롭게 만들 수밖에 없다. 사진 한 장을 편집하려 해도 PC와 모바일은 그 방식이 다르기 때문이다.

그뿐 아니다. 기존의 컴퓨팅에서는 인터넷과 프로그램, 즉 인터넷과 PC 애플리케이션은 서로 구분되는 요소였다. 하지만 모바일 환경에서는 모바일 인터넷과 모바일 애플리케이션의 경계가 모호하다. 여러 가지 이유가 있지만 가장 큰 이유는 상시적인 연결성 때문이다.

기존의 PC에서 프로그램과 인터넷을 구분했던 이유는 PC가 상시적인 연결이 보장되는 환경이 아니었기 때문이다. 우리나라처럼 인터넷이 잘 연결되는 곳에서는 의아한 일일 수 있겠지만, 다른 나라들은 사정이 조금 달랐다. PC가 처음 등장했을 때 인터넷은 가끔 접속하는 통신망이었다. 끊기는 경우도 많았다. 그래서 프로그램은 기본적으로 인터넷이 잘 연결되지 않는다는 전제하에 만들어졌다.

모바일로 옮겨오면서 가장 중요해진 건 연결성의 보장이다. 애플리케이션도 웹사이트도 항상 연결된다는 전제하에 만들어진다. 그러다 보니 이 2가지가 섞이기 시작했고, 앱이 웹사이트 같고 웹사이트가 앱 같아졌다. 그러므로 모바일을 중심으로 만들어지는 콘텐츠는 이러한 특성을 고려해야 한다.

동영상이 모바일로 옮겨가는 데 시간이 지체된 이유

2015년 무렵은 모바일 게임의 전성기였다. 이미 2012~2013년에 슈퍼셀(Supercell)과 같은 대표적인 게임 회사들이 제작한 '클래시오브클랜'이라든가 '캔디크러쉬', '앵그리버드' 등의 게임들이 나오고 있었다. 카카오톡, 네이버 모바일 앱, 쿠팡, 배달의 민족 같은 모바일 애플리케이션 서비스도 등장했다. 모바일은 전성기를 맞았다. 그런데 희한하게도 동영상은 그 흐름에 편승하지 못했다.

동영상이 게임이나 여타 콘텐츠에 비해 모바일로 옮겨가는 데 시간이 걸린 이유는 무엇일까? 웹사이트, 애플리케이션, 게임은 전부 PC만을 기반으로 해서 소비가 이루어졌던 반면 동영상은 PC 중심의 소비가 일부에 불과했기 때문이다.

불과 6~7년 전만 해도 전 세계 사람들이 PC로 동영상을 보는 패턴은 크게 다르지 않았다. 포털에 올라오는 유료 동영상 다시보기를 하거나 웹하드에 올라온 영상을 다운받아 보는 식이었다. 유튜브의 경우 보고 싶은 영상이 있을 때 가끔 들어가 검색해서 보는 정도였다.

TV라는 매체가 영상 공급과 소비의 주축이었기 때문에 PC에서 모바일로 동영상이 바로 이동할 수 없었고, 변화가 정체돼 있었다. 시기적으로는 2010년 초에서 2015년까지의 5년간이 정체기다. 그러다 갑작스레 변화가 일어났다. 웹사이트, 애플리케이션, 카카오톡 메신저, 커뮤니케이션 서비스 등이 주도해서 모바일이라는 스크린을 우리 일상에 깊이 들어오게 만든 것이다.

모바일 사용에 익숙해진 유저들은 어느새 휴대폰 없이는 살 수 없는 지경에 이르렀다. 지금 우리는 어떤가? 휴대폰을 들여다보는 시간이 옆에 있는 사람의 얼굴을 보는 시간보다 훨씬 길다. 어느새 모든 종류의 스크린 중에서 일하느라 PC를 보는 시간을 제외하면 가장 많은 시간을 모바일 사용에 쓴다.

그런 문화가 자연스럽게 이런 질문을 만들어냈다. "동영상을 왜 굳이 TV로 봐야 하지?" 그 무렵 등장한 것이 소위 말하는 Z세대다. 콘텐츠를 소비하는 행태와 문화가 바뀌는 과정에서 TV라는 습관을 겪어보지 않은 아이들이 등장했다. 그들이 처음 접하는 스크린은 모바일이었고, 자연스레 동영상 콘텐츠 역시 모바일로 옮겨갈 조건이 충족된 것이다.

모바일이 주도한 콘텐츠 소비 혁신

동영상을 비롯한 다양한 콘텐츠를 모바일로 소비하는 게 당연한 세대가 등장하면서 이들이 초기 유튜브 성장을 주도했다. 그런 흐름을 읽은 유튜브, 트위치, 아프리카TV, 넷플릭스는 모바일에 콘텐츠를 밀어넣기 시작했다. 돛단배처럼 PC에 산발적으로 떠 있던 동영상 서비스들이 모바일 시대를 맞아 새로운 기회를 찾았고 자본과 노력이 물밀듯 몰려들었다. 비로소 모바일을 중심으로 한 동영상 콘텐츠 시장이 열린 것이다. 이와 함께 유튜브와 크리에이터들에게도 폭발적 성장의 기회가 찾아왔다.

사실 PC 시절에도 유튜브는 꾸준히 준비를 하고 있었다. 다만 콘텐츠를 만드는 사람도 보는 사람도 없었기 때문에 활성화되지 않았을 뿐이다. 시청자, 제작자, 비즈니스 이 3가지 중 하나라도 만족되는 부분이 있어야 선순환이 생기는데 그러질 못했다. 그러다 모바일이라는 마중물로 생태계에 선순환이 생기면서 폭발적인 물길이 쏟아져나오게 된 것이다.

이 무렵 취미 삼아 유튜브에 동영상을 올리던 사람들이 인기를 얻기 시작하면서 콘텐츠가 확산되었다. 그걸로 수익이 나니 직업으로 삼는 이들도 늘었다. 아프리카TV에서 게임을 하며 방송하던 대도서관이 톱 셀럽이 되고, 양띵이 마인크래프트 영상으로 어느 순간 갑자기 주목을 받았던 것도 2015년 무렵이다. 본격적인 모바일의 개막이 만들어낸 변화다.

PC 기반에서 활동하던 사람들이 인기를 끌며 모바일로 이동하자 시장은 점점 더 커졌다. 시장이 커지니 창의적 인재와 개성 넘치고 다양한 콘텐츠가 몰려들고, 더불어 광고주들의 관심과 함께 자본이 몰려드는 건 당연한 수순이었다.

아이폰에서 모든 것이 시작된 그 시점, 2015년 6월 15일 샌드박스네트워크를 창업했다. 눈덩이가 새로운 콘텐츠의 시대를 향해 구르기 시작하던 그 시점에 샌드박스네트워크는 점점 커지는 스노우볼 굴리기에 동참했다. 스노우볼이 얼마나 커질지 어디로 갈지 명확하게 단정할 수는 없지만, 사람들이 동영상 콘텐츠 소비에 쓰는 시간이 상당하다는 것만은 분명하다. 스노우볼은 분명 더 커질 것이고 구르는 속도도 더 빨라질 것이다.

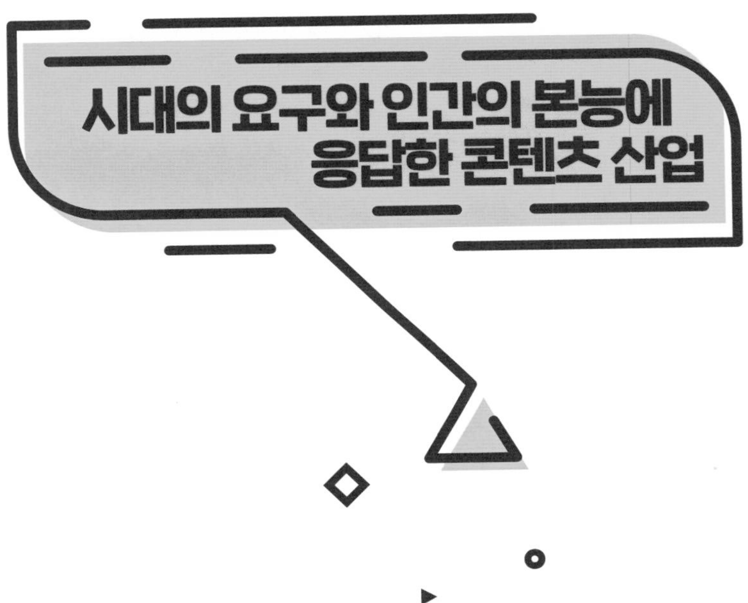

시대의 요구와 인간의 본능에 응답한 콘텐츠 산업

스노우볼이 구르기 시작했으니 그 흐름을 막을 수 없다. 가속도가 붙어 모바일 동영상은 더 활성화될 것이고, 콘텐츠 소비도 분명 늘어날 것이다. 마치 PC 게임과 모바일 게임을 병행하다가 점점 모바일 게임 중심으로 시장이 변화된 것과 같은 수순이다.

콘텐츠 산업에 있어 모바일이 가져온 변화를 인식하고 현재의 모바일 기반 동영상 생태계를 좀 더 냉철하게 바라본다면 우리는 더 많은 기회들을 포착할 수 있다. 그러면 먼저 모바일 기반의 동영상이 활성화되는 이유는 무엇인지 구체적으로 살펴보자.

모바일 콘텐츠 활성화 : 편한 것은 좋은 것을 이긴다

편리함이 주는 효용은 거부할 수 없다. 어린아이들뿐만 아니라 청장년층, 노인 등 세대를 아울러 누구라도 편한 걸 싫어할 사람은 없다. 이제는 60대 어르신들도 모바일을 통해 동영상을 찾아보는 시대다. 사람은 누구나 편리함을 추구하는 본성을 지니고 있다. 단지 그동안은 그것을 구현할 수 있는 도구가 적어서 사용하지 못했을 뿐이다.

나는 기본적으로 사람은 게으른 존재라서 조금이라도 편한 걸 찾는 본성이 있다고 생각한다. 인류 역사를 보더라도 편한 것이 늘 좋은 것을 앞서왔다.

예를 들어 조금만 걸어 나가면 맛있는 식당에서 잘 차려진 밥상 앞에 앉아 음식을 먹을 수 있지만, 대개는 편리함을 위해 배달 음식을 선호한다. 영상통화가 나온 지 꽤 되었지만 그 이용 빈도가 얼마나 되던가. 얼굴 보고 통화하는 게 좋다는 건 알지만 귀찮은 것 또한 사실이다. 이처럼 인간이 추구하는 욕망 중 꽤 우위에 있는 것이 '편리함의 추구'라는 것은 부정하기 어렵다.

PC는 어떤가. 분명 여러 측면에서 인간의 편의를 도왔지만, 모바일에 비해서는 불편한 과정을 거쳐야 사용할 수 있다. 일단 컴퓨터를 켜는 과정부터 기다림이 필요하다. 사용하기 전까지의 개시 시간, 즉 이니시에이션(Initiation)하는 시간이 모바일보다 길다. 연결성, 신속성 등에서 그만큼 뒤처진다. 당연히 사용 접근성도 모바일보다 떨어질 수밖에 없다.

모바일 다음으로 VR(Virtual Reality, 가상현실)의 시대가 올 것이라는 사람들이 있지만 나는 생각이 조금 다르다. 일단 불편하다는 점에서 VR 역시 편리함을 추구하는 사람의 본성에 어긋난다. VR기기가 아무리 잘 구성돼 나온다 해도 사용자가 직접 그걸 쓰고 능동적으로 무언가를 해야 한다. 그게 생각보다 귀찮다. 최소의 에너지로 원하는 걸 얻고자 하는 이들에게는 들여야 할 품이 꽤 된다.

VR, 3D TV가 '불편함'이라는 허들을 넘지 못한다면 사람들의 기대만큼 크게 대중화되지는 않을 것이라고 본다. 태블릿도 마찬가지다. 모바일과 비교하자면 상당히 크고 무겁고 휴대가 불편하다. 특별한 경우를 제외하고는 굳이 모바일이 있는데 태블릿을 쓸 이유가 없다.

기술은 굉장히 빨리 발전하는 데 비해 사람의 육체와 정신의 발전 속도는 더디다. 20년 전의 사람과 지금의 사람이 크게 다르지 않다. 그런 전제하에 살펴보면 사람들이 기술을 대하는 방식은 단순하다. 자연스럽지 않거나 불편한 것은 기술적으로 발전했다 해도 사용 효용이 떨어진다.

물론 태어나면서부터 각종 디지털 미디어를 자연스럽게 즐기는 세대가 등장하기는 했다. 하지만 인간의 본성에 반하거나 인간의 육체와 정신이 받아들이기에 자연스럽지 않은 기술들은 여전히 도태될 가능성이 높다. 고로 모바일 스크린은 향후 10년, 20년 후에도 굉장히 유망하고 유력한 프라이머리(Primary) 미디어가 될 수밖에 없다.

모바일 콘텐츠 활성화 : 생각보다 우리에겐 여가 시간이 많다

동영상 콘텐츠 시장이 활성화되는 두 번째 이유는 사람들이 여가에 쓰는 시간이 많아졌다는 점이다. 많은 사람들이 노동 시간이 길어 삶이 힘들고 팍팍하다고 한다. 정말 그럴까? 정말 우리 생각처럼 일하느라 바빠 여가 시간을 갖지 못할까?

막연히 체감하는 것과 달리 실제 노동 시간은 과거에 비해 많이 줄어들고 있다. 최근에 저명한 데이터과학자들이 공동으로 집필한 《팩트풀니스(Factfulness)》에서 흥미로운 내용을 읽었다. 이 책의 저자들은 생각보다 세상은 살기 좋아지고 있음에도 사람들은 살기 힘들다는 쪽으로 생각한다며 실제와 인식의 차이를 지적한다.

2019년 5월 통계청이 발표한 〈노동 시간 최근 추이와 주 52시간 상한제도 도입에 따른 노동 시간 최근 동향〉을 살펴보자. 그 보고서에 따르면, 주 52시간 상한 근로시간제 실시로 노동 시간에도 변화가 있었다. 2011년부터 2018년까지 월평균 총 노동 시간 및 그 구성의 변화를 살펴보면, 월평균 총노동 시간은 24.4시간 줄었으며, 초과노동 시간은 2.8시간 축소되었다(하단 표 참조). 또 2019년 발표된 고용노동부의 〈고용형태별근로실태조사〉를 보면 2008년부터 2018년까지 정규 근로자의 월평균 근로 시간도 19.9시간 줄어들었다(38쪽 표 참조).

이런 수치들에서 알 수 있듯이 예전보다 일을 더 많이 해서 여가 시간도 없고 삶이 힘들다는 것은 일종의 착시 현상이자 자기편향적인 오해에서 비롯된 생각이라고도 볼 수 있다. 막상 통계와 수치를 확인해보면 현대인의 일하는 시간은 예전보다 줄어들었고, 그만

〈월평균 노동 시간 변화〉

연도	총 노동 시간	소정실 노동 시간	초과 노동 시간
2011	180.8	169.5	11.3
2012	173.7	162.1	11.6
2013	167.9	156.2	11.6
2014	165.5	154.6	10.8
2015	173.5	167.0	6.5
2016	171.1	161.6	9.5
2017	168.5	159.4	9.2
2018	156.4	147.9	8.5
2011~2018년 증감	24.4	21.6	2.8

단위 | 시간, 출처 | 고용노동부, 〈고용형태별근로실태조사〉

〈정규 근로자 월평균 근로 시간〉

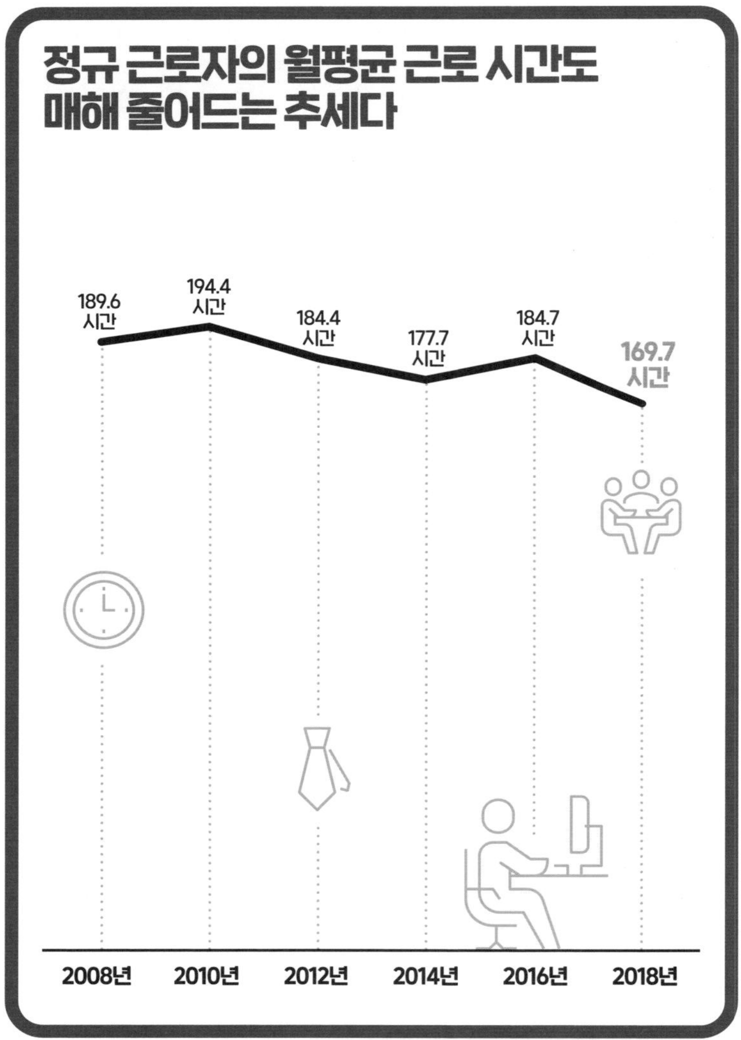

출처 | 고용노동부, 〈고용형태별근로실태조사〉

〈연령대별 여가 시간〉

연도		전체	성		연령						
			남자	여자	10대	20대	30대	40대	50대	60대	70대 이상
2006	요일 평균 여가 시간	3.8	3.8	3.8	4.7	3.5	3.2	3.3	3.6	4.6	-
2008		4.0	4.0	4.0	4.5	4.1	3.4	3.5	3.7	5.2	-
2010		4.9	4.8	4.9	4.0	4.8	4.2	4.3	4.8	5.9	7.4
2012		3.8	3.7	3.9	3.2	3.8	3.4	3.5	3.5	4.4	6.1
2014		4.2	4.0	4.3	3.8	4.1	3.8	4.0	4.1	4.8	5.6
2016		3.6	3.5	3.8	3.4	3.6	3.4	3.3	3.4	4.0	5.0
2018		3.9	3.7	3.9	3.5	3.9	3.4	3.5	3.6	4.1	5.1
2006	평일	3.1	3.0	3.2	3.6	2.8	2.6	2.7	3.1	4.3	-
	휴일	5.5	5.7	5.2	7.5	5.3	4.8	4.8	4.9	5.5	-
2008	평일	3.0	2.8	3.1	3.3	2.6	2.3	2.4	2.7	4.9	-
	휴일	6.5	7.0	6.3	7.6	7.8	6.0	6.2	6.3	6.1	-
2010	평일	4.0	3.8	4.2	3.1	3.7	3.2	3.4	3.9	5.4	7.1
	휴일	7.0	7.3	6.7	6.3	7.4	6.7	6.7	6.9	7.1	8.1
2012	평일	3.3	3.1	3.5	2.6	3.1	2.8	3.0	3.0	4.1	5.9
	휴일	5.1	5.2	5.0	4.8	5.6	4.8	4.9	4.8	5.2	6.5
2014	평일	3.6	3.3	3.8	3.1	3.3	3.1	3.3	3.5	4.3	5.3
	휴일	5.8	5.9	5.7	5.6	6.1	5.5	5.6	5.6	5.9	6.5
2016	평일	3.1	2.9	3.3	2.7	2.9	2.8	2.8	2.9	3.6	4.7
	휴일	5.0	5.1	4.9	5.1	5.3	4.8	4.7	4.8	5.1	5.7
2018	평일	3.3	3.1	3.4	2.8	3.2	2.8	2.9	3.0	3.6	4.8
	휴일	5.3	5.3	5.2	5.1	5.7	5.0	5.0	5.1	5.4	5.8

단위 | 시간, 출처 | 문화체육관광부, 〈국민여가활동조사〉

큼 여가 시간은 늘어났다.

근로 시간이 단축되고 퇴근 시간이 빨라지면서 '저녁이 있는 삶을 추구'하는 문화가 확산된 지 오래다. 특히 20~30대를 중심으로 워라밸 문화가 확산되면서 여가 시간을 활용해 자기계발이나 취미 활동 등 '나를 위한 소비'가 증가하고 있다.

일례로 여가 생활 관련 스타트업들이 계속 성장 중이고, 게임 산업은 세상에 나온 이래 단 한 번도 침체된 적이 없다. 콘텐츠나 뮤직 산업 역시 힘들다고는 하지만 그 불씨가 꺼지지 않았다. 그것들을 뒷받침하는 광고 산업 역시 거래액이 증가하고 있다. 그러므로 사람들이 일하느라 바빠 여가 시간이 없다는 견해는 상당 부분 착시라고 볼 수 있다. 달리 말하면 엔터테인먼트 콘텐츠의 미래에는 상당한 가능성이 있다는 뜻이다.

그럼 이렇게 확보된 여가 시간을 사람들은 어떻게 보내고 있을까? 먹고, 자고, 놀고, 여행하고, 친구들과 교류한다. 그리고 이 시간들 외에는 대체로 콘텐츠를 소비하며 살고 있다고 볼 수 있다.

사람들이 소비하는 콘텐츠는 그 종류가 무궁무진하다. 게임하기, 책 읽기, 만화책 보기, 유튜브 보기, 음악 듣기 등 다양한 활동에 쓰이는 시간을 분석해보면 아마도 영상에 할애하는 시간이 가장 많을 것이다. TV, OTT, VOD, 영화, 유튜브, 페이스북, 인스타그램 사용 시간을 다 포함한다면 여가 시간의 절반 이상을 사용한다고 봐야 한다.

〈퇴근 후의 다양한 활동〉

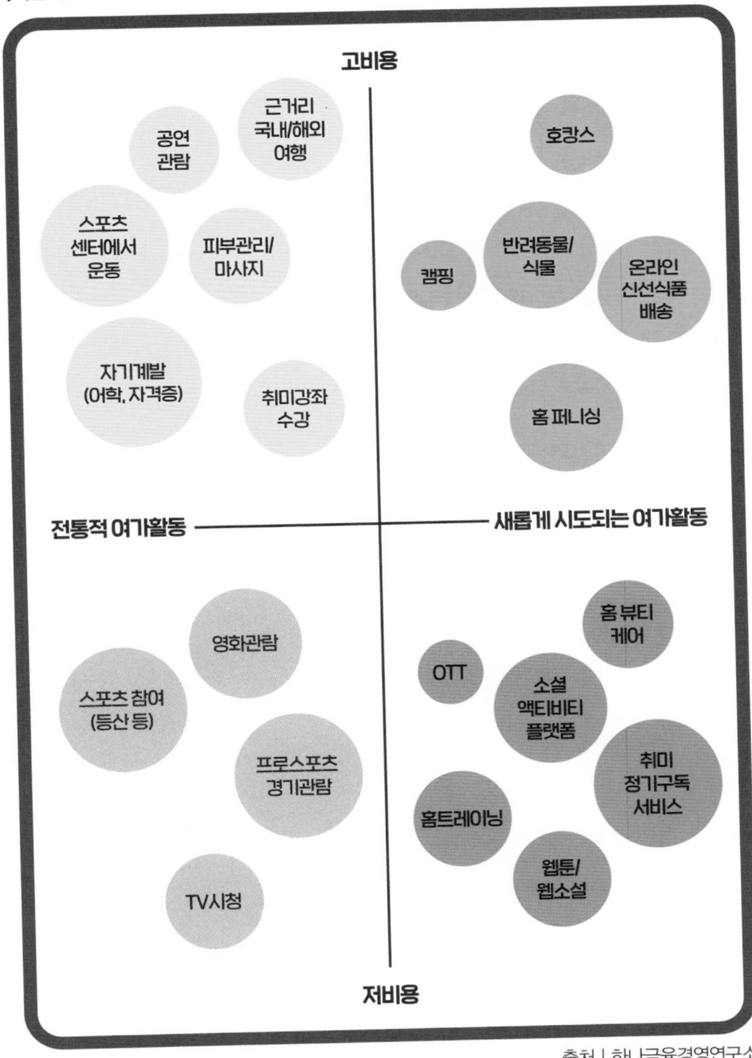

출처 | 하나금융경영연구소

불과 15년 전만 해도 지금과는 달랐다. 고속버스를 타고 어딘가에 갈 일이 있을 때를 보자. 5~6시간 동안 멍하니 앉아 있거나 자는 게 전부였다. 지금은 어떨까? 넷플릭스나 유튜브로 영상 콘텐츠를 보거나, 게임을 하는 데 그 시간을 쓴다. 쉽게 말해 예전에 멍하니 흘려보내던 시간의 대부분이 콘텐츠를 소비하는 데로 이동했다.

초중생의 수학여행 풍경도 비교해볼 만하다. 15~20년 전에는 워크맨, MD플레이어나 CD플레이어를 들고 오는 아이가 영웅이었다. 친구 중 한 명이 닌텐도 게임기를 갖고 있으면, 그 아이는 금세 인기를 얻게 되고 다른 아이들이 게임기를 돌려가면서 게임을 했다. 요즘 초등학생들에게서는 전혀 볼 수 없는 풍경이다. 이제는 각자 자기 스마트폰을 소유하고 있으며, 그것으로 각자 게임하고, 음악 듣고, 유튜브를 시청한다.

여가 시간이 증가했고, 모바일 디바이스의 발전으로 편리한 미디어가 있고, 질 좋은 콘텐츠가 갖춰졌다. 그걸 즐기지 않을 이유란 무엇인가.

모바일을 중심으로 재편되는 OTT 산업

최근 5년에서 10년 사이 모바일 중심으로 이루어진 글로벌 콘텐츠 시장의 규모는 굉장히 크다. 예를 들어 북미 OTT 시장의 경우 모바일 컴퓨팅에 투자했던 회사들이 지금은 모바일 동영상에 올인하고 있다. 아이폰을 만들던 회사가 애플TV플러스를 만들었고, 〈겨울왕국〉을 만들었던 회사가 디즈니플러스를 만들었다.

그뿐인가. 어떻게 하면 모바일 컴퓨팅 시장에서 커머스를 성장시킬까 고민하던 아마존은 프라임 비디오 전략을 공격적으로 펼치며 트위치(Twitch)를 인수했다. 안드로이드와 구글 플레이를 만들던 구글은 유튜브라는 플랫폼으로 시장을 선도하며 더 공격적인 행보를 선보이고 있다.

새로운 흐름 속에 급변하는 콘텐츠 시장과 패권을 둘러싼 대기업들의 플랫폼 전쟁은 이미 모두가 아는 이야기다. 글로벌 콘텐츠 기업 중 지금 모바일 동영상 시장에 투자하지 않거나 공격적으로 진출하지 않은 회사는 없다고 봐야 한다. 불과 5~6년 전과 비교해도 놀라운 변화다.

당시 애플만 해도 모바일 동영상 시장에 진출하지 않았었다. 아이튠즈 스토어에서 영화를 다운받게 해주는 정도가 전부였던 애플이 모바일 동영상 시장에 진입했다는 것만으로도 주목할 필요가 있다. 이는 컴퓨팅 시장에서 가장 중요한 콘텐츠가 웹사이트에서 애플리케이션으로, 게임에서 동영상으로 이동했다는 걸 대변한다.

콘텐츠의 스펙트럼도 다변화되며 확장 중이다. 애플이나 디즈니, 넷플릭스, 훌루(Hulu) 등이 프리미엄 동영상을 중심으로 경쟁하기 시작했다. 반면 좀 더 대중성을 지닌 롱테일 콘텐츠들은 유튜브를 중심으로 형성되고 있다. 스트리밍 라이브는 트위치 중심이며, 페이스북도 페이스북 워치를 만들어 유튜브와 경쟁하려 하고 있다. 쇼트 비디오 중심의 서비스 플랫폼으로는 중국의 틱톡(TikTok)이 있다.

짧게 분절된 콘텐츠가 갖는 장점

우리는 얼마 전 미국에서 일어난 놀라운 일을 목격했다. 드림웍스의 창업자 제프리 캐천버그(Jeffrey Katzenberg)와 이베이, HP의 CEO였던 맥 휘트먼(Meg Whitman)이 공동창업한 모바일 동영상 서비스 퀴비(Quibi)가 론칭한 것이다. 이 서비스의 투자 유치금액은 총 1조 원, 선광고 계약만 1,000억 원을 넘어선다.

캐천버그는 스마트폰을 신체의 일부처럼 여기는 밀레니얼 세대의 소비 습관에 주목했다. 퀴비가 제작하고 서비스하는 동영상은 편당 10분 내외다. 쉽게 말해 챕터 중심의 짧은 비디오다. 프리미엄 오리지널 콘텐츠에 '쇼트폼(Short form)'이라는 개념을 더한 것인데, 프리미엄 영역과 유튜브 영역의 중간 스펙트럼을 차지하려는 전략으로 보인다.

여기서 흥미로운 개념은 챕터 중심의 동영상은 에피소드 중심의 TV 드라마와는 다르다는 점이다. 전형적인 TV 드라마는 에피소드가 있고, 기승전결의 흐름을 갖고 완결된다. 반면 퀴비의 전략은 아예 챕터를 나눠 분절시키는 것이다. 전체적인 흐름과 완결성에 집착하지 않고 긴 이야기를 짧게 끊어서 제공한다. 3~4시간짜리 영상을 10분 단위로 쪼개서 공급한다. 마치 책을 읽을 때 처음부터 끝까지 다 읽지 않고 챕터별로 흐름을 끊어 읽는 것과 비슷하다.

캐천버그는 이와 관련해 이렇게 말했다. "내가 《다빈치 코드》를 영화화할 때 영화는 전체 내용을 한 호흡으로 보게 만들었다. 하지만 책은 영화와 달리 챕터가 100개 이상 나뉘어 있었다. 한 챕터가 대부분 4~5페이지 정도로 짧게 구성돼 있었지만 내용의 수준은 낮지 않았다."

아주 가볍거나 팬시한 책을 제외하면 대부분의 책은 200~300페이지에 달한다. 그런 분량을 처음부터 끝까지 한 호흡으로 읽을 수 있는 환경은 잘 주어지지 않는다. 지하철에서 챕터 1~2개를 읽고, 집에 가서 몇 챕터를 읽고…. 대개 그런 식으로 두고두고 며칠에 걸쳐 읽는다. 그런다고 만족도가 떨어지지 않는다.

물론 퀴비의 전략이 사람들의 시청 취향과 잘 맞을지는 미지수다. 지금은 실험 단계지만 상당히 흥미로운 접근이라고 생각한다. 지하철을 타고 이동하면서 1시간짜리 드라마를 보기는 조금 부담스럽다. 반면 10분짜리 영상을 하나 본다면? 오히려 만족스러울 수 있다. 어떻게 보면 현대인들의 모바일 콘텐츠 소비는 굉장히 분절적으로 이루어진다. 그러니까 10분, 15분 단위로 끊어서 볼 수 있는 형태의 드라마가 의외로 잘 맞을 수도 있다는 얘기다.

이처럼 모바일 동영상을 중심으로 한 미국 기업들의 움직임은 발빠르다. 트렌드를 가장 빨리 읽는 그들이 스크린에서 일어날 일을 미리 내다보고 어디로 향하는지, 그 발걸음의 방향을 주시할 필요가 있다.

엔터테인먼트의 꽃은 영상 콘텐츠다

사람들은 엔터테인먼트라는 니즈를 충족하기 위해서 어떤 콘텐츠를 소비할까? 판타지 소설을 읽을 수도 있고, 만화책을 볼 수도 있고, 웹툰을 볼 수도 있다. 그림을 감상할 수도 있고, 게임을 할 수도 있으며, VR을 할 수도 있다. 무수히 많은 여러 선택지가 있다. 하지만 영상이 기술의 발전으로 공감각을 활용한다 해도 그 공감각의 활용이 극단으로 갈 수는 없다. 사람이 한 번에 수용할 수 있는 감각에는 한계가 있기 때문이다. 그런 측면에서 보면 엔터테인먼트에 있어서 사람들이 자주 편안하게 선택하고, 소비 시간이 압도적으로 높은 것은 영상 콘텐츠다.

엔터테인먼트라는 니즈, 동영상이 딱이다

앞서 콘텐츠가 무엇인지, 그 개념을 나만의 관점으로 살펴보았다. 그렇다면 콘텐츠의 형태는 어떨까? 그 역시 무궁무진하게 다양하지만, 미디어를 통해 서비스되는 콘텐츠의 주요한 형태는 간단하게 몇 가지로 정리할 수 있다.

시기적으로 보면 초창기는 텍스트, 그다음은 이미지, 가장 최근에는 음성과 동영상이다. 동영상, 즉 비디오라는 것은 음성과 움직이는 이미지가 결합된 것인데 처음에는 음성 없이 움직이는 동적 이미지가 등장했다. 다음 순서로 음성과 동적인 이미지가 결합된 영상이라는 콘텐츠가 나왔고, 거기에 멀티미디어라는 개념이 추가되기 시작했다.

그 이후에 등장한 것이 사용자가 직접 조작 가능한 인터랙티비티(Interactivity)가 포함된 게임 등이다. 그다음으로 언급할 만한 것은 어그먼티드 리얼리티(Augmented Reality)나 버추얼 리얼리티(Virtual Reality)다. 그리고 그 이상의 감각들 즉 후각, 촉각 등이 추가되는 걸 보면 결국에는 공감각적인 센스들이 추가되어 변화해나갈 것임을 예측할 수 있다.

공감각을 활용한 콘텐츠를 얼마나 더 소비할 수 있게 되느냐에 따라서 그 콘텐츠에 대한 몰입도와 경험의 풍부함은 달라질 것이다. 콘텐츠가 품은 감각의 역사는 이것을 가능하게 하는 기술의 발전과 함께해왔다고 해도 과언이 아니다. 하지만 여기엔 한 가지 장애가 있다. 기술의 발전이 진화하는 데 비해 사람의 감각이 진화하는 데는 한계가 있다는 점이다.

콘텐츠 형태가 텍스트에서 이미지로, 그리고 동영상으로 옮겨가면서 시장도 커지고 소비도 증가했다. 그렇다면 그다음 시장은 무조건 VR이나 AR이 차지할 것인가? 나는 이 질문에 다소 회의적으로 답한다. 촉각이나 후각 등 더 많은 감각을 활용한 콘텐츠가 더 우월하다고 할 수 있느냐? 그 또한 무조건 '예스'라고 답할 수 없다. 고도로 발전한 기술이 무조건 사람들의 호응을 얻는 것은 아니다. 또한 인간의 감각은 수용하는 데 한계가 있기 때문에 밸런스를 맞추는 게 더 중요하다.

직장에서 힘들게 일하고 집에 돌아와 쉰다고 생각해보자. 편히 쉬면서 영화나 드라마 한 편을 멍하니 보고 싶을까? 아니면 머리와 몸을 써가며 직접 조작해야 하는 능동적인 놀이를 즐기고 싶을까? 누가 봐도 대부분의 사람들이 원하는 것은 전자다.

그런 면에서 보면 영상이야말로 인간의 감각이 수용하기에 가장 적합한 것이 아닌가 싶다. 예를 들어 텍스트는 굉장한 노력과 능동성을 필요로 하기에 읽고 해독한다는 것 자체가 부담스럽고 에너지도 많이 들어간다. 물론 지식정보를 습득하거나 전문적 콘텐츠를 얻는 데는 텍스트가 유리하다. 하지만 이미지 콘텐츠는 텍스트보다 에너지를 덜 들여도 되기에 전달성에서 나름의 강점이 있다.

〈한국인이 주로 이용하는 콘텐츠 유형〉

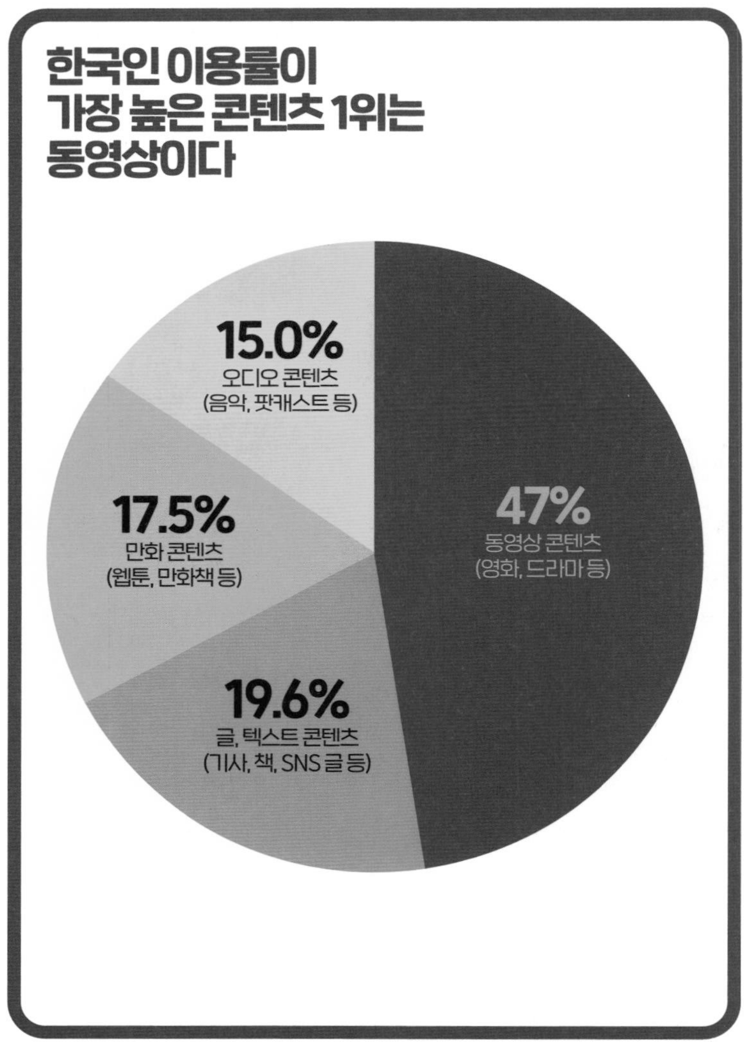

10~59세 남녀 1,000명 대상, 출처 | 오픈서베이(2019년)

텍스트나 이미지 콘텐츠가 지닌 장점에도 불구하고, 사람들의 콘텐츠 소비 성향을 분석해보면 영상 콘텐츠는 항상 중요한 비중을 차지해왔다. 이는 수치로도 드러난다. 오픈서베이가 조사한 〈한국인이 주로 이용하는 콘텐츠 유형〉을 보면, 여러 종류의 콘텐츠 중 동영상 콘텐츠가 압도적 1위를 차지했음을 알 수 있다. 너무 많은 감각을 동시에 활용하지 않고도 편안하게 즐길 수 있기 때문이다. 적당한 수동성을 갖고 즐거움을 만끽할 수 있다는 점에서 동영상의 범용성은 상당히 크다. 콘텐츠 소비의 목적을 엔터테인먼트에 집중시켜서 본다면 동영상의 파급력은 앞으로 더욱 커질 것이다.

모바일 동영상과 유튜브가 선도하는 콘텐츠 세상

앞서 논의한 바와 같이 영상 콘텐츠를 소비하기에 가장 적합한 디바이스는 모바일이다. 예를 들어서 텍스트를 읽기에 모바일은 아주 적합한 도구가 아니다. 모바일은 주로 이동하면서 즐기기 때문에 텍스트를 읽기에 어려움이 있다. 게임 역시 이동하면서 즐기기에는 조작의 한계 등이 있어 능동적인 소비에 제약이 생긴다.

반면 영상은 어떤가. 이동하거나 움직이면서 봐도 즐기는 데 큰 무리가 없다. 약간의 수동성을 만끽하면서 공감각을 충분히 활용할 수 있는 콘텐츠 포맷이야말로 영상이다. 그런 강점들 덕분에 영상

〈한국인이 오래 사용하는 앱〉

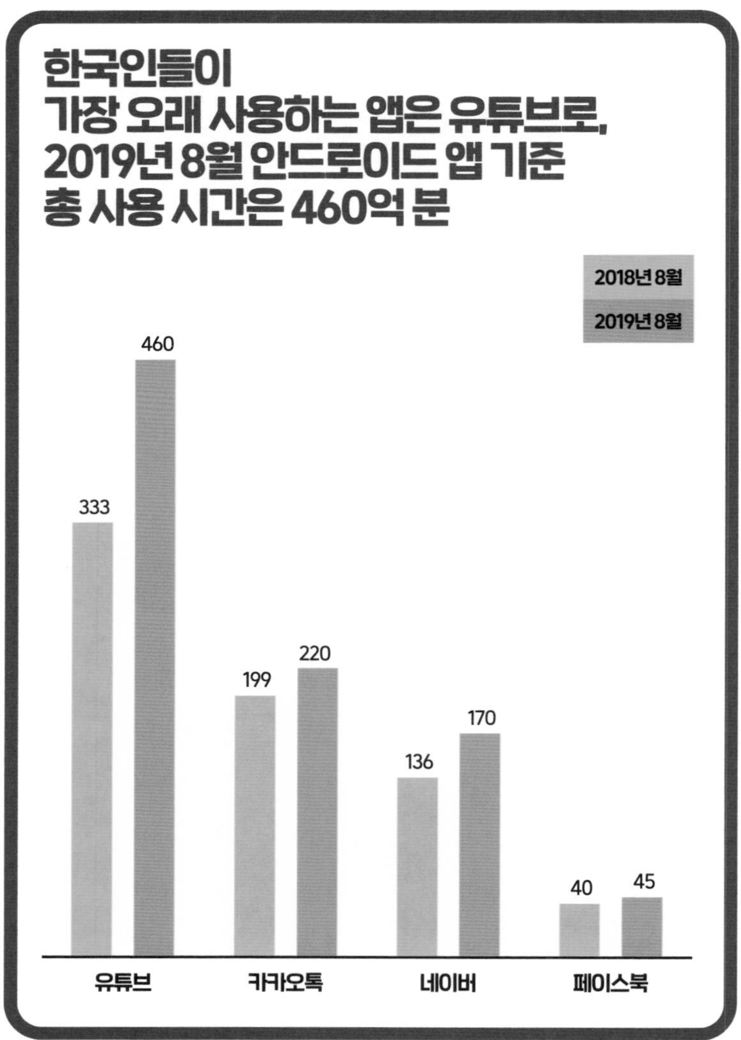

단위 | 억 분, 출처 | 와이즈앱

콘텐츠가 다른 콘텐츠 소비를 점점 압도하고 있다. 물론 전체 콘텐츠 소비량이 늘고 있는 추세라서 웹소설, 웹툰, 이미지 콘텐츠, 텍스트, 게임 등의 콘텐츠도 증가 추세를 보인다. 하지만 증가하는 속도 면에서 보면 영상이 압도적으로 우위를 차지하고 있다. 모바일 디바이스 환경에서의 콘텐츠 적합도, 포맷 적합도 등이 잘 매칭되기 때문이다.

이미지와 텍스트가 결합된 공감각적 포맷인 블로그도 최근에는 영상이 많은 부분을 대체하고 있다. 예를 들어 정보를 검색하거나 자신이 즐길 만한 콘텐츠를 검색할 때 네이버보다 유튜브를 더 많이 활용하는 추세다. 아이들의 경우는 학교 숙제를 할 때도 유튜브 영상을 참조하는 것이 대세다.

유튜브는 매달 3,000만 명이 넘는 이들이 방문하고 외부 사이트에서 동영상을 보는 사용자 수도 월 1,500만 명을 넘어선다. 월 평균 체류 시간은 무려 380억 분이다. 왼쪽 표에는 와이즈앱에서 안드로이드앱 기준으로 한국인들의 유튜브 사용 시간을 조사한 수치가 나와 있다. 조사 결과, 한국인들의 유튜브 사용 시간이 2018년 8월에는 333억 분, 2019년 8월에는 무려 460억 분임을 알 수 있다.

최근에는 웹툰이나 모바일 게임의 성장세가 다소 둔화되고 있음을 느낀다. 캐주얼 게임 시장에서 옛날만큼 히트작이 잘 나오지 않고 있다. 그 영역을 일정 부분 동영상이 점유해가고 있는 게 아닐까 추측한다. 모바일 동영상 소비는 연간 2~3배씩 증가하는 데 반해

〈모바일 동영상 시청 동향〉

전 세대 TV시청 크게 줄고 동영상은 모바일로 본다

	TV	PC	모바일
10대	13.9%	34.8%	**51.3%**
20대	17.3%	31.6%	**51.2%**
30대	26.9%	31.8%	**41.3%**
40대	34.7%	29.2%	**36.0%**
50대	39.1%	31.9%	**29.1%**
전체 평균	TV 26%	PC 32%	**모바일 42%**

1년 전과 비교했을 때 TV시청 시간 변화는?

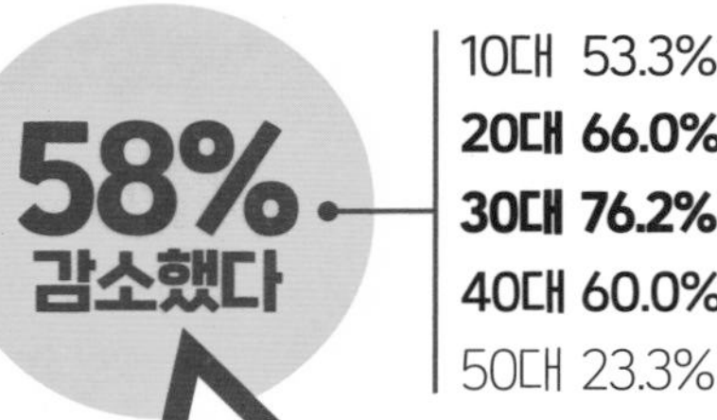

TV시청 줄어든 이유?

1위 PC, 스마트폰 등으로 동영상을 시청해서
2위 원하는 시간에 원하는 프로그램을 볼 수 없어서
3위 책상, 침대 등 TV가 없는 곳에서 주로 시청해서

15~59세 남녀 1,000명 대상, 출처 | 메조미디어(2018년 9월 20일~10월 1일 기준)

모바일 게임의 성장속도는 그렇지 않은 편이다.

웹툰의 경우 굉장히 각광받던 콘텐츠 영역이다. 지금도 매출은 계속해서 증가하고 있다. 유료 콘텐츠 시장이 꽤 자리를 잡은 덕분에 성장을 빨리 하고 있는 편이다. 하지만 동영상 시장만큼 성장이 빠르냐고 묻는다면 그렇지는 않다. 마찬가지로 전자책 역시 성장세가 두드러지지는 않는다.

유튜브가 그 시장을 상당 부분 잠식했음을 부인할 수 없다. 이를 보완하는 통계들도 많다. 와이즈앱에서 2018년 9월 20일에서 10월 1일까지 전국 15~59세 남녀 1,000명을 대상으로 온라인 설문조사를 한 결과, 1주일 평균 동영상 시청 시간은 9.2시간이었다. 그중 모바일을 통한 동영상 시청이 42퍼센트를 차지한다. 또 91.1퍼센트가 최근 1주일 사이 유튜브를 이용한 적이 있다고 응답했다.

편하고 저렴하게 소비할 수 있는 엔터테인먼트의 대안은 점점 더 명확해지고 있다. 대중들이 일상적으로 소비하는 것은 주로 수동적인 형태의 콘텐츠로 그런 면에서 최적화된 것은 동영상이다. 그러므로 공감각적인 요소를 더하면 무조건 사용자들의 이용률도 높아질 것이라는 생각에 사로잡혀서는 안 된다.

콘텐츠 소비자의 니즈, 어디까지 알고 있니?

지금 이 시대를 살고 있는 현대인들의 퇴근 후 모습을 상상해보자. 대부분 모바일로 간단한 게임을 하거나 유튜브 방송을 즐긴다. 굳이 TV를 켜서 잔혹하고 어수선한 사건과 사고로 가득 찬 뉴스를 보거나 웹 서핑을 하지 않는다. 그런 소식은 온라인 커뮤니티 게시판이나 카카오톡 단체 채팅방을 통해 접할 수 있기 때문이다.

리모컨으로 이리저리 채널을 돌리며 볼 만한 드라마나 재미난 예능이 없다고 투덜댈 필요도 없다. 넷플릭스에 접속하면 재미있는 콘텐츠가 넘쳐나니까.

콘텐츠 소비자의 니즈 파악하기

불과 몇 년 사이, 여가 시간을 즐기는 풍경은 사뭇 달라졌다. 그렇다면 콘텐츠를 소비하는 이들의 니즈와 욕망도 변했을까?

전통적으로 콘텐츠 산업에서 소비자의 니즈는 2가지로 나눌 수 있다. 그것은 크리에이터가 콘텐츠를 만든 과정과 연관이 있다. 콘텐츠는 크리에이터가 자신만의 인사이트를 발휘해 트렌드를 선도하는 형태의 것이 있고, 어떤 것을 만들면 재미있을지 소비자조사를 통해 파악한 인사이트로 만든 것이 있다.

사람들은 창작자의 인사이트가 만들어낸 콘텐츠를 접한 순간, 새로운 매력을 느껴 호응한다. 자신의 니즈를 미처 인지하지 못한 채 창작물을 좋아하게 되는 '톱다운(Top-down)' 방식이다. 또 다른 경우는 설문조사나 소비자조사, 최신 콘텐츠 트렌드 등을 파악해 그에 맞게 만들어진 콘텐츠를 즐기는 '보텀업(Bottom-up)' 방식이다. 오늘날은 보텀업 방식이 훨씬 중요해진 시대가 되었다.

사실 예전에는 사람들이 뭘 좋아하는지 알기가 어려웠다. 소비자조사를 통해서 대강의 윤곽이 나오기는 했지만 도식적인 조사를 통해서 알 수 있는 사람들의 취향은 한계가 있었다. 자기가 뭘 좋아하는지 명확하게 알지 못하거나 안다고 해도 표현을 잘 못했기 때문이다.

무엇보다 사람들에게는 히든 니즈(Hidden Needs)가 존재한다. 이는 스스로 잘 모르거나 혹은 말하기 꺼려지는 니즈를 의미한다. 특정 조사를 위해 "당신은 무엇을 좋아합니까?"라고 질문하면 대체로 막연한 대답이 나온다. 혹은 남들을 의식한 적당히 그럴싸한 대답을 찾기도 한다. 시장조사가 갖고 있는 한계다. 그런 방식으로 조사한 소비자의 니즈는 정확도가 떨어질뿐더러 구체적이고 복잡미묘한 취향을 속속들이 알 수도 없다. 콘텐츠에 실질적으로 활용할 만한 인사이트가 제대로 나오기 어렵다.

하지만 지금은 상황이 다르다. 대부분의 OTT 서비스들이 인공지능을 동원해 소비자들의 취향과 기호를 파악해주고 그것은 데이터로 쌓인다. 그리고 이런 측면에서 가장 파워풀한 것은 유튜브다. 유튜브가 만든 생태계는 사람들의 취향을 파악하기에 굉장히 좋은 선순환구조를 만들었다. 데이터만 봐도 사람들이 뭘 보고 있고, 어떤 콘텐츠에 '좋아요'를 누르며, 어디에 댓글 반응을 보이는지 실시간으로 전수조사가 가능하다.

예전에는 콘텐츠를 천천히 신중하게 돈을 많이 들여서 생산했다. 하지만 이제는 콘텐츠 생산의 속도와 양이 어마어마하게 늘어났다. 취미 삼아 올리는 영상 콘텐츠만 해도 수없이 다양하고 많다. 우연에 가깝게 만들어진 콘텐츠가 넘쳐나고, 그 콘텐츠를 발견한 사람들이 계속 반응하는 시대다.

유튜브 내에서 벌어진 일들을 면밀하게 관찰하는 것만으로도 사람들이 좋아하고 원하는 것을 어느 정도는 알 수 있다. 전수조사를 따로 하지 않아도 주요한 트렌드가 보이는 셈이다. 그런 미가공 상태의 로우 데이터(Raw Data) 위에 전통적인 방식의 소비자조사가 더해지면 꽤 괜찮은 통찰을 얻을 수 있다.

보텀업 방식의 콘텐츠 생산이 필요한 시대

보텀업 방식의 콘텐츠가 보다 더 많이 만들어져야 하는 시대다. 이렇게 말하면 "크리에이터들의 인사이트나 굉장히 높은 수준의 크리에이티브가 별 의미 없다는 말인가?"라고 반론하는 사람들도 있을 것이다. 물론 그렇지 않다. 사람들은 자신이 전혀 예측하지 못했던 놀라운 콘텐츠를 원한다. '세상에 이런 게 다 있어? 너무 신선한데?' 하는 충격과 거기서 오는 희열을 느끼고 싶어 한다.

다만, 파격적인 신선함만이 전부는 아니라는 뜻이다. 예를 들어 내가 보고 싶은 콘텐츠가 100개 있다고 하면, 그중 80개는 그것이 뭔지 이미 내가 아는 것들이다.

음식에 비유해보자. 가끔씩은 값비싼 한우를 먹고 싶고, 고급스러운 호텔 레스토랑에 가고 싶다. 하지만 매일 한우와 호텔 요리로 끼니를 해결할 수는 없는 법이다. 프리미엄 콘텐츠와 일상적인 콘텐츠 사이의 균형이 필요하다.

우리는 알던 맛의 음식을 또 먹는다. 내게 친숙하고 내가 좋아하는 맛이기 때문이다. 그러다 가끔씩은 완전히 새로운 음식을 찾게 된다. 이미 익숙한 알던 맛이 전체 소비의 대부분을 차지하고, 그 나머지 부분을 새로운 것들이 차지한다. 물론 익히 알던 익숙한 맛이라 해도 새롭게 해석하고 풀어나가는 창의력은 필요하다.

요즘 '정육왕'이라는 채널을 즐겨 보는데, 거기서는 고기 굽는 걸 계속 보여준다. 자신의 집에서 고기를 습식과 건식으로 에이징한다. 고기 재료에 대한 것부터 시작해 에이징하는 과정을 보여주며 전 과정을 콘텐츠로 활용한다. 그동안 나온 먹방 채널들이 먹는 과정에 집착했던 것과 달리 이 채널은 '고기'라는 재료, 그리고 굽는 과정에서 우리가 느낄 수 있는 오감에 집착한다.

바로 여기서 유튜브 크리에이터의 창의성이 나온다. 먹방의 경우 콘텐츠가 넘칠 정도로 많은데도 계속해서 새로운 크리에이터들이 등장하는 이유가 이런 창의성과 색다름 때문이다. 크리에이터들은 같은 카테고리의 동영상을 다루면서도 자기만의 문법으로 주제와 소재를 변주하며 차별성을 보여주려 애쓴다.

이게 가능한 이유는 구독자마다 원하는 게 다르기 때문이다. "나는 이 크리에이터가 진짜 맛있게 먹어서 좋아.", "이 사람은 음식을 대량으로 만들어 먹는데, 그 과정이 너무 웃겨.", "한번도 안 먹어본 특이한 것들을 많이 먹더라. 완전 신기해.", "재료 손질부터 플레이팅까지 모든 과정이 아트야."

이처럼 구독자들이 재미를 느끼는 부분, 끌리는 요소는 다 제각각이다. 세상의 창조 이래 새로운 것은 없다는 말도 있지 않은가. 이미 알던 맛을, 이미 익숙한 콘텐츠를 어떻게 변주하느냐가 관건이다.

하지만 예측불허의 신선한 콘텐츠 역시 나름의 장점이 있다. 새롭기 때문에 한순간에 사람들의 이목을 끌고 빠르게 인기를 응집시키는 힘을 발휘한다. 반대로 그렇게 생긴 인기를 계속 유지하기가 쉽지만은 않다는 게 고민거리다. 신선한 것도 반복되면 익숙한 것이 돼버리기 때문이다.

유튜브의 3H 전략

유튜브에서는 콘텐츠를 보다 효과적으로 운용하기 위해 3H로 분류했는데, 히어로 콘텐츠(Hero Content), 허브 콘텐츠(Hub Content), 헬프 콘텐츠(Help Content)가 그것이다. 이들은 각각 장단점이 있으며, 그것들이 적절한 비율로 균형을 유지할 때 그 채널은 지속성장할 수 있다. 그럼 그 개념을 먼저 살펴보자.

- **히어로 콘텐츠 :** 가장 특징적인 콘텐츠이며 스케일과 볼륨이 크다. 단번에 사람들의 시선을 끌어 인기를 응집시키는 폭발력을 보인다.

- **허브 콘텐츠 :** 에버그린 콘텐츠로서 채널이 지속 가능할 수 있도록 잠재 고객을 유도하는 것을 목표로 한다. 특정 키워드를 선점하거나 꾸준히 회자되는 특징이 있다.
- **헬프 콘텐츠 :** 시청자들이 정확한 정보를 얻기 위해 검색할 때 제공되는 것으로, 가장 기본적인 콘텐츠를 의미한다.

여기서 가장 기본이 되는 것은 헬프 콘텐츠이며 채널이 보유한 콘텐츠 중 가장 많은 비중을 차지한다. 헬프 콘텐츠가 매일 오픈되는 콘텐츠라면, 허브 콘텐츠는 1~2주일에 한두 번씩 오픈되는 조금 특별하게 들어가는 콘텐츠다. 그리고 히어로 콘텐츠는 6개월에 한 번 1년에 한 번씩 만들어져 사람들의 이목을 끌어주면 좋다. 이런 식으로 균형을 맞춰줘야 사람들이 질리지 않고 계속 그 채널을 본다.

채널을 운영할 때 강약, 중강약의 형태로 템포와 리듬을 주라는 말이다. 매번 강으로 가려고 하면 매력이 떨어진다. 채널 콘텐츠를 소비할 때 사람들은 '강강강'만 원하지도 않고 '약약약'만 원하지도 않는다. '강약 중강약 강약 중강약'으로 강도를 조절하며 세게 갈 때와 약하게 갈 때를 구분해 절묘하게 조합시켜야 한다. 구독자와 일종의 밀당을 하는 것이라 할 수 있다.

늘 놀랍고 새로운 콘텐츠를 보여줘야 한다는 강박에 시달리면 콘텐츠 생산을 지속하기 어렵다. 그래서 헬프 콘텐츠를 얼마나 제대로 하고 있는지가 중요하다. 스테디한 콘텐츠로 베이스를 탄탄하게 다져놓고 그 위에 간헐적으로 허브 콘텐츠와 히어로 콘텐츠를 얹으면서 힘 조절을 하자는 말이다.

샌드박스네트워크도 이런 전략에 따라 크리에이터들을 매니지먼트한다. 먼저 일상적으로 찾을 수 있는 콘텐츠를 쌓아둘 것을 권한다. 임팩트 있는 콘텐츠를 빵빵 터뜨리지 못하면 정체되는 게 아닌가 하는 조급증이 들 수도 있다. 하지만 일단 베이스로 잘 깔아놓는 게 중요하다는 걸 늘 강조한다. 그러다가 아주 가끔씩 센 걸 터뜨려주면 그 폭발력이 상대적으로 더 임팩트 있게 다가온다. 바닥을 잘 다져서 토대가 튼튼해야 모래성이 되지 않는다는 건 어디에나 통용되는 지혜다.

창의적 슈퍼 개인들의 탄생

Chapter 2_ 상상실현자, 크리에이터

'사람'만큼 드라마틱한 콘텐츠는 없다

유튜브의 핵심은 콘텐츠이고, 콘텐츠를 구성하는 요소에는 인물의 스토리, 소재 그리고 영상미 등이 있다. 그 외에도 다양한 요소가 있지만 인물이 갖고 있는 복잡성만큼 사람을 강하게 몰입시키고 매력을 느끼게 하는 요소는 드물다.

유튜브 시대에 '등장인물'을 넘어설 만큼 강력한 구성요소가 있을까? 물론 특정 인물 없이도 콘텐츠를 매력적이고 재미있게 만들 수는 있다. 흥미진진한 플롯과 경탄을 자아내는 신비롭고 아름다운 영상미와 음악 등 여러 요소를 장치로 쓸 수 있다. 하지만 가장 저비용으로 강력한 몰입감을 느끼게 하는 요소는 단연코 인물이다.

왜냐하면 사람처럼 복잡미묘한 존재도 없고 사람 간의 관계만큼 예측 불가능한 시너지를 내는 요소도 없기 때문이다.

우리 삶 속 복잡계의 존재

나는 이를 자연과학의 한 개념인 '복잡계'에 빗대어 해석하곤 한다. 복잡계는 '자연계를 구성하고 있는 구성성분 간의 유기적 관계에서 비롯되는 복잡한 현상들의 집합체'를 말한다. 복잡계에서는 어느 장소에서 일어난 작은 사건이 그 주변에 있는 다양한 요인에 관여하고, 그것이 차츰 더 큰 영향력을 갖게 됨으로써 생각지도 못한 결과를 이끌어내기도 한다.

> 혼돈으로부터의 질서가 얻어진 후 일정 시간이 흐르면 계(系)가 다시금 불안정해지며 또다시 나타나는 분기점에서 새로운 혼돈 상태로의 진화가 이루어진다. 자연 현상이 혼돈에서 질서로, 다시 질서에서 혼돈으로의 진화가 이루어지듯이 인류의 역사 또한 이러한 과정을 거쳐왔다.

위에 언급한 유니스트(UNIST) 신국조 석좌교수의 복잡계 설명에서 볼 수 있듯이 진화는 혼돈과 질서를 반복하면서 이루어진다. 복잡성의 과학은 모든 영역의 진화에 결정적인 영향을 미친다.

SNS 시대에 사는 대중은 누구나 일상생활 속에서 복잡계를 경험하고 있다. 사람과 사람, 서로 다른 분야의 일 사이에도 복잡계는 존재한다. 그래서 한 인간이 지닌 다양한 매력과 그것을 통해 타인과 주고받는 상호관계 속에서 놀라운 결과가 만들어지는 것이다. 일도 마찬가지다. 예상치 못한 방향으로 흘러가는 것 같다가도 어느 순간 기대 이상의 결과물을 내면서 본질에 가까워진다. 복잡계 시스템은 미디어 환경 변화로 그 영향력이 점점 더 커지고 있다.

유튜브 시대에 특정 인물이 지니는 영향력도 복잡계로 설명할 수 있다. 사람들이 좋아하는 연예인 중에서도 딱히 설명할 수 없는 매력으로 인기를 얻는 이가 있다. 그중 한 사람이 예능인 유병재다. 사람들이 그를 좋아하는 이유는 단순하게 설명할 수 없다. 유병재가 지닌 매력 요소를 가진 '다른 사람'이 등장하면 대중들은 역시나 그를 좋아할까?

그렇지 않을 가능성이 크다. 그래서 사람들이 타인에게 매력을 느끼고 좋아하는 건 복잡계 영역이라고 봐야 한다. 사람은 여러 가지 컴포넌트를 갖고 있다. 그것들이 상호작용을 하다가 논리적으로 설명할 수 없는 특징을 만들어낸다. 그게 바로 복잡계가 갖고 있는 미스터리한 논리다.

나는 인물 안에도 복잡계가 있다고 생각한다. 사람은 저마다 자신만의 특징적 요소를 지니고 있다. 그러니까 인공지능 혹은 어떤 다른 구성요소를 사용하더라도 한 인물이 가진 매력과 스토리, 사람들에게 전하는 정서를 대체할 수 있는 요소는 없다고 볼 수 있다. 그렇기 때문에 영화나 드라마 또는 예능에서도 인물이 가장 중요한 요소로 작용한다.

뉴스도 마찬가지로 앵커가 중요하다. 따지고 들자면 앵커가 꼭 필요하지 않을 수도 있다. 기자가 사건을 취재해서 영상으로 전달하거나 성우가 읽어줘도 된다. 하지만 앵커가 없는 뉴스는 상상할 수 없다. 시청자들은 뉴스를 보면서 사건에 대한 정보만 얻는 게 아니다. 앵커가 가진 이미지나 신뢰도, 앵커의 목소리와 그만의 표정 그리고 언어를 통해 많은 감정을 느끼고 공감한다. 그래서 방송사별로 메인 뉴스에 어떤 앵커를 영입하느냐에 따라 시청률이 판이하게 달라진다.

인물 중심의 콘텐츠가 트렌드가 된 이유

대중은 장르와 시대를 불문하고 인물 중심으로 콘텐츠를 소비해 왔다고 볼 수 있다. 앞으로도 인물은 콘텐츠의 가장 중요한 요소가 될 것이다. 디바이스 측면에서 살펴보면, 일단 콘텐츠를 보는 화면이 작아지고 있다. 모바일로 볼 경우에 여러 명이 왁자지껄하게 떠들면 몰입도가 떨어진다. 화면에 사람이 꽉 차면 인물 하나하나가 너무 작아 보이고 누구에게 집중해야 할지 감이 오지 않는다.

큰 화면의 TV로 볼 때는 여러 사람이 나오는 프로그램이 적합하다. 여러 명이 등장하면 복잡도가 증가해서 콘텐츠가 풍부하게 느껴진다. 쉴 새 없이 사람들이 돌아가며 말을 하기 때문에 오디오가 빌 염려도 없다. 진행자 혼자 나오는 TV 프로그램은 화면이 다소 비어 보일 수 있고 자칫 지루한 인상을 준다. 그러나 화면이 작아진 요즘에는 한 명의 등장인물이 이끌어가는 콘텐츠가 어색하거나 단조롭지 않다. 오히려 몰입도가 높아져서 더 집중하게 된다.

오늘날의 대중들은 여러 명의 등장인물이 가지각색의 콘텐츠를 보여주는 것보다는 나만의 취향과 니즈에 맞는 인물이 한 가지 테마의 콘텐츠를 모노톤의 화면에 담아 보여주는 것을 더 선호한다. 공중파의 주말 예능 프로그램도 여러 명이 한꺼번에 나오는 버라이어티 쇼의 유행은 지나갔다.

유재석을 '유산슬'이라는 새로운 캐릭터로 창조한 예능방송이 과거 무한도전의 아성을 넘보고 있다. 강호동을 혼자 내세운 '라끼남'도 유튜브와 방송을 통해 새로운 재미를 선사했다. 다양한 매체를 통해 콘텐츠를 소비하는 세대의 니즈를 읽어낸 것이다.

예전에는 등장인물 10명이 한꺼번에 나오는 예능 프로그램 한 편을 보며 즐거워했지만, 요즘은 10명이 제각각 만들어내는 10개의 콘텐츠를 즐기는 시대다. 가령, 정찬성의 격투기 유튜브를 보다가 백종원의 요리 방송을 보고, 떵개떵의 먹방을 보다가 장삐쭈가 만든 애니메이션을 보고, 도티의 게임 방송도 본다. 이렇게 다양한 니즈를 충족시키는 콘텐츠를 조합해서 보는 게 훨씬 더 만족도가 높다.

버라이어티 쇼는 콘텐츠 하나에 모든 게 다 들어가 있다. 캐릭터, 쇼, 토크도 있고 출연자 간의 경쟁과 취향, 관심사도 들어 있는 종합선물세트다. 그런데 오늘날의 대중은 '나만의 버라이어티'를 원한다. 이런 트렌드에 따라 단 한 명의 등장만으로도 충분히 만족스러운 콘텐츠가 나온다. 그래서 인물 중심의 유튜브가 기존 매체의 콘텐츠보다 훨씬 더 매력적으로 다가온다.

앞으로는 대중의 욕구나 니즈가 보다 더 세분화될 것이다. 그들은 점점 더 자신에게 필요한 것만 골라서 보고자 할 테고, 그럴수록 인물 중심의 특화된 콘텐츠가 유리하다. 그런 측면에서 보자면, 한 인물이 브랜드로서 갖는 개성과 정체성 그리고 독보적인 매력을 담은 콘텐츠만큼 매력적인 것은 없다.

스스로가 콘텐츠이자 브랜드인 슈퍼 개인의 탄생

왜 우리는 타인의 삶에 관심을 갖고 때로는 동경을 넘어 숭배하는 걸까? 숭배는 종교적 대상을 향한 신앙에 해당하기 때문에 적합하지 않은 표현일 수도 있다. 하지만 1인 매체를 통해 보여지는 특정인의 삶과 그들이 만들어내는 콘텐츠에 열광하고 동경하는 대중의 모습은 숭배에 가까워 보인다.

이때의 숭배는 권위에 얽매인 것은 아니다. 소수의 사람들이 수많은 대중에게 맹목적인 동경의 대상이 되기도 하지만, 이들 셀럽들이 종교적 혹은 정치적 권위를 이용하는 것은 아니다. 그리고 이러한 현상은 우리나라에 국한된 것도 아니고 전 세계적인 흐름이며 이 추세는 나날이 강력해지고 있다. 예전에 카투사에서 군복무를 할 때 보면, 미군들 역시 할리우드 매거진 등을 보면서 연예인과 셀럽들의 사생활을 화제로 삼곤 했다. 셀럽에 대한 관심과 동경은 어딜 가나 마찬가지인 듯하다.

왜 사람은 타인의 삶에 호기심을 갖는가

"사람들은 누구나 연결되고 싶어 하는 심리가 있다." 페이스북의 창업자 마크 저커버그의 말이다. 그는 하버드대학 재학 중에 하버드대학 학생들만 사용할 수 있는 배타적인 커뮤니티인 '페이스매시(Facemash)'를 만들어 4시간 만에 450명의 방문자, 2만 번 이상의 노출이라는 기록을 세웠다.

이 프로그램은 토너먼트 방식으로 캠퍼스 내 최고의 미남미녀를 뽑는 시스템이었는데 순식간에 화제가 되었다. 물론 윤리적인 문제로 근신 처분을 당하긴 했지만, 그 일로 저커버그는 사람들이 가진 타인에 대한 본능적인 호기심이 얼마나 큰지 확인했을 터였다. 그리고 그것이 바로 페이스북 창업의 원동력이 되었다.

사람들이 서로 '연결'되고 싶어 하는 것은 타인의 삶에 대한 호기심과 동경 때문이다. 대중들이 SNS를 통해 인플루언서의 삶을 자신의 일상 속으로 자연스럽게 받아들이는 이유도 여기에 있다. 화려해 보이는 타인의 삶을 선망하고 동경하는 것은 평범한 자신의 삶에서 잠시 벗어나는 일종의 탈출구인 셈이다. 예술작품에 대한 반응도 마찬가지다. 위대한 건축물을 두고 감탄하는 경우가 많다. 이때도 건축물 그 자체를 숭배하는 것이 아니라 그 건축물을 만든 사람의 예술적 재능과 정신을 동경한다. 종교도 마찬가지다.

오늘날 대중은 훨씬 더 많은 사람들과 연결되어 있고 그들과 소통하고자 애쓴다. 인스타그램이 폭발적으로 성장한 이유도 거기에 있다. '좋아요'를 누르고 댓글을 다는 행위를 통해 특정 대상과 훨씬 더 가깝게 느끼고 직접적인 소통을 하고 있다고 생각한다. 사진 한 장만으로도 지속적인 소통이 가능한 매체가 바로 인스타그램이다.

미디어의 변화로 재능과 매력을 지닌 개인들이 자신을 드러내기 좋은 세상이 되었다. 매스미디어 시대에는 대중성이 담보된 콘텐츠를 제작해야 수익을 올릴 수 있었고, 대체로 정해진 틀이 있었다. 하지만 지금은 개인이 채널을 만들어 자신만의 콘텐츠를 보여주기 쉬운 환경이다. 아울러 누군가를 동경하며 그들의 라이프스타일을 닮고자 하는 대중들의 잠재적 경향은 더욱 폭발하고 있다. 자신만의 콘텐츠를 지닌 개인들이 마음껏 자기 꿈을 펼치고 표현하기에 더없이 좋은 세상이 되었다.

여기서 주목만 할만 변화가 있다. '일반인 셀럽'의 등장이다. 이들은 '슈퍼 개인' 특히 크리에이터의 탄생을 촉발시켰다. 공중파

TV나 신문 잡지 매체를 통해서 유명인의 콘텐츠를 일방적으로 공급받던 과거와는 달리, 1인 미디어와 플랫폼의 등장으로 일반인들이 유명세를 갖기 시작했다. 특정 지역, 특정 커뮤니티에서만 회자되던 인물들이 전 국민, 나아가 전 세계인을 대상으로 자신의 매력을 어필하고 있다.

미디어와 플랫폼의 변화가 가져온 자기표현의 기회

과거에는 어떤 분야든 0.1퍼센트에 해당하는 최고의 위치에 있는 사람들만 TV에 출연할 수 있었다. 지금은 특출난 재능을 가진 사람이라면 누구나 자신의 역량과 매력을 드러내고 인정받을 수 있다. 분야도 다양하다. 의료, 법률, 경제 비즈니스 등에서부터 요리, 여행, 글쓰기 등 영역을 가리지 않는다.

유명 전문의나 변호사뿐 아니라 특정 분야에서 자신만의 콘텐츠를 갖고 있다면 누구나 부각될 수 있다. 대중들은 오히려 그들과 소통하는 것을 더 편하게 느끼고 지속적인 관계를 맺는 데 익숙하다. 이웃주민처럼 내 친구처럼 혹은 내가 숭배할 우상이나 롤모델로 여긴다.

이것은 명백하게 미디어와 플랫폼이 촉발시킨 변화다. 지금이야 이런 환경에 익숙해져 있지만 불과 몇 년 전의 상황과 비교하면 혁명과도 같은 변화다. 새로운 세상이 열렸다 해도 과언이 아니다.

물론 이런 변화가 긍정적이기만 한 것은 아니다. 막연히 동경하는 타인에 대한 관심이 증가한 반면, 가족과 지인 등 주변 사람들에 대한 관심은 오히려 줄어들었다. 인스타그램에서 팔로우하는 셀럽, 연예인, 유명 유튜버나 스트리머에게 친구나 지인보다 더 큰 관심과 애착을 갖는다. 나와 특정 관계도 아니고 인연도 없지만 자주 보고 익숙해지니 관계가 쌓여간다고 느낀다.

가족과 함께 밥을 먹는 대신 먹방 유튜버의 방송을 보며 밥을 먹는다. 혹은 연예인이나 셀럽이 식사하는 방송을 보면서 “언니 너무 예뻐요”, “그렇게 잘 먹어도 날씬한 비결이 뭐예요?” 등의 댓글을 달며 소통한다. 얼마 전 신세경의 브이로그에 달린 댓글 중 인상적인 글이 있었다. “세경 씨, 요즘 나에게 가장 큰 힘이 되는 건 세경 씨 브이로그예요”라는 댓글이었다. 주변사람에게서 얻지 못하는 위안과 희망을 일면식도 없는 인플루언서에게서 얻고 있는 것이다.

반면 작품 활동이 뜸한 여배우는 자신의 일상생활을 통해 또 다른 매력을 한껏 드러냄으로써 대중과 소통의 기회를 만들었다. 플랫폼의 변화는 유명인이나 일반인 모두를 막론해서 ‘자기표현의 새로운 장’이 되고 있다. 모든 개인이 ‘크리에이티브’를 발휘할 수 있는 시대, 이제는 전 국민이 유튜버인 시대다.

팔로워를 원한다면 욕망을 자극하고 판타지를 선사하라

사람들은 대체로 좀 더 우월한 사람들과 동집단이 되고 싶은 욕구를 지니고 있다. 인스타그램 등의 SNS에서 인플루언서에게 '언니, 형' 하면서 친근하게 소통하는 이유이기도 하다. 인스타그램 속 인플루언서들은 연예인들 못지않은 관심을 받으며, 그들만큼의 마케팅 효과와 영향력을 발휘한다. 자신의 라이프스타일을 꾸준히 보여준 후 일정 기간이 지나면 커머스 활동을 시작하는데 그때의 마케팅 효과는 가히 폭발적이다.

대중들은 TV 광고에서 초특급 여배우가 환하게 웃으며 바르는 화장품보다 일반인 인스타그래머가 바르는 화장품에 더 강력한 구매 욕구를 느낀다. 그리고 자신의 댓글에 대한 피드백을 받으면 그와 가까워진 것 같은 느낌을 받고 충성도는 더 올라간다. 수십 만 원짜리 화장품을 사도 TV 속 여배우와는 소통할 수 없지만 인스타그램 속에서는 몇 만 원짜리 제품을 사도 소통이 가능하니 얼마나 매력적인가.

인플루언서들이 이처럼 놀라운 영향력을 갖게 된 데는 스토리의 힘이 크다. 유튜버들에게도 스토리는 가장 강력한 무기다. 자신만의 콘셉트를 잡아 일상생활을 매력적인 스토리로 만들어내고, 사람들을 그 안으로 끌어들이는 게 중요하다. 같은 소재의 방송을 해도 차별화된 캐릭터와 스토리를 갖지 못하면 꾸준한 반응을 이끌어낼 수 없다. '제작자로서의 열망, 개인이 가진 매력과 스토리'는 크리에이터로 성공하기 위한 핵심 요소다.

자신이 만든 콘텐츠를 보여주고 이를 통해 관심과 사랑을 받고자 하는 순수한 열망이 바로 제작자로서의 열망이다. 그것이 콘텐츠의 질을 높이고 구독자들의 관심을 이어가는 원동력이 된다. 도티도 '도티TV' 시청자들이 자신의 방송을 보는 15분이 아깝지 않도록 콘텐츠 퀄리티에 대해 끊임없이 고민하고 있다. 이는 도티뿐 아니라 대중의 사랑을 받는 모든 크리에이터들의 과제다.

그렇다면 스토리에는 무엇이 담겨야 할까? 늘 궁금증을 자아내고, 즐거움을 주며, 개인적인 매력과 재미 그리고 감동적 요소를 담아낸다면 좋은 콘텐츠로서의 잠재력을 가질 수 있다. 또한 스토리에는 인간의 본성인 '선망의 법칙'도 잘 담아내야 한다. '선망의 법칙'은 내가 가지지 못한 것을 욕망하는 인간 본성을 정확하게 파악한 데서 나온 결과다. 손에 잡힐 듯 잡히지 않는 존재가 되기 위해서는 대중이 욕망하는 대상이 되어야 한다.

《인간 본성의 법칙》의 저자 로버트 그린(Robert Greene)은 "뒤에서 사람을 움직이는 것은 소유가 아니라 '욕망'이다. 무언가를 소유하고 나면 조금은 실망하게 마련이고 새로운 무언가를 추구하고 싶은 욕망이 다시 불붙는다. 판타지를 좇는 즐거움에 대한 인간의 욕구를 이용하라"고 말했다. '계속 나를 팔로우하도록 자극하라.' 이는 콘텐츠 제작자이자 인플루언서들의 숙명이다.

인플루언서와 연예인이 다른 이유

일반인들이 준연예인으로 급부상한 것과 관련해서 매체의 변화만으로는 모든 것을 설명하기가 힘들다. 대중들은 이미 오래전부터 나와는 전혀 다른 세계에 속해 있는 대상이 아닌, 손을 뻗으면 닿을 듯한 '그들'에 대해 관심을 갖기 시작했다. 연예인의 친구와 가족 등 셀럽의 범위도 점차 확대되고 유명인의 요건도 다양해졌다.

인플루언서, 특히 유튜버들의 경우 친밀감이 느껴져서 좋다는 의견이 대다수다. 그것은 단순한 친밀감이 아니라 그와 동일 집단에 들어간 것 같은 느낌을 포함한다. 나도 그들의 부류에 속할 수 있을 것 같은 느낌이 은연중 무의식에 반영되고 있는 것이다.

댓글을 보면 그런 느낌을 많이 받는다. 예를 들어 스타일리스트 한혜연은 자신의 팔로우들을 '베이비'라고 부른다. "헬로, 베이비. 오늘은 언니가 자라 매장을 급습하러 갑니다"라며 매장 안에서 직접 옷을 고르고 입어 보는 영상을 만들어 올린다. 반응은 가히 폭발적이다. "저 언니가 명품만 입는 게 아니었어. 내가 즐겨 입는 브랜드도 좋아하는구나" 하면서 친밀감을 느끼고 그녀의 선택에 초집중한다. 친한 언니 혹은 친구인양 '언니, 언니' 하면서 소통하는 수많은 10~20대 여성들을 보면 단순히 그들의 콘텐츠를 좋아하고 동경하는 차원을 넘어서 나도 '언니랑 같이 놀고 싶어요. 나도 껴줘요' 하는 듯한 느낌마저 든다.

간혹 크리에이터들이 갑자기 연예인으로 행보를 바꾸면 팬덤이 흔들리기도 한다. SNS 속에서 소통하고 유튜브를 통해 콘텐츠를 즐기던 친숙한 대상이 연예인처럼 행동하면 알 수 없는 거리감이 들기 때문이다. 가깝던 사람이 갑자기 멀어진 느낌, 범접하기 어려운 다른 세상으로 가버린 느낌이랄까.

'슈퍼 개인'의 탄생 배경을 살펴보면 팔로워들의 이런 반응도 일면 이해할 수 있다. 이 팬덤은 1인 미디어에서 소셜한 관계로 형성되었다. '동집단에 속하고 싶다'라는 무의식이 반영되어 지금의 슈퍼 개인들이 만들어졌다. 당연히 그 공간을 벗어나면 팔로워들은 상실감을 느끼게 마련이다. 이럴 경우 기존 팬덤이 흔들리지 않도록 자신의 포지셔닝을 점검하고, 팬덤과의 관계 형성을 스마트하게 유지하는 것이 필요하다. 매체의 성격을 잘 파악하는 일 또한 크리에이터가 갖추고 있어야 할 요건이다.

기회의 바다는 모두에게 열려 있다

소셜미디어 시대가 열리고 유튜브가 활황을 띠면서 재능만 있으면 누구나 기회를 잡을 수 있게 되었다. 내 음악을 선보이기 위해 대형 엔터테인먼트 회사에서 수년간 연습생 시절을 보내거나 각종 경연 프로그램을 거치지 않아도 된다. 자신만의 개성과 음악성이 있다면 톱클래스의 아티스트가 아니라도 대중과 만날 기회는 얼마든지 있다. 시스템 안으로 들어가야만, 혹은 하나의 고정된 통로를 통해서만 꿈을 펼쳐야 했던 이전과는 다르다. 미디어의 변화는 과거에는 상상도 할 수 없었던 수많은 일들을 현실로 만들어내고 있다.

그중 하나가 '기회의 창출'이다. 최근 데뷔 30여 년 만에 대중에게 소환된 가수 양준일의 사례를 봐도 그렇다. 각종 온라인 커뮤니티에서 1990년대 활동 당시의 모습이 빅뱅의 리더 지드래곤을 닮았다고 해서 화제였다. 요즘 들어도 손색이 없을 정도로 세련된 음악과 퍼포먼스를 선보인 그는 대중들에게 재조명받았다. 유튜브에서는 그의 활동 당시 무대를 담은 영상이 빠르게 퍼져나갔고 놀라운 조회 수를 기록하며 순식간에 최고의 아티스트로 떠올랐다. 그의 드라마틱한 등장과 부활은 유튜브가 아니었다면 불가능했을 일이다.

소외와 고독, 그것을 넘어서려는 움직임

물론 긍정적인 변화만 갖고 온 것은 아니다. 모두에게 기회가 주어지는 열린 세상에서는 또 다른 기회의 빈부 격차가 발생한다. SNS로 인해 물리적 고립과 온라인 의존도가 심화되면서 평범한 사람들은 점점 더 평범해지고 특출한 역량을 지닌 사람들은 더 많은 관심을 받는다. 관심과 호응의 부익부 빈익빈 현상이 더 빠르게 더 확연하게 일어나며, 상대적으로 관심을 받지 못하는 이들은 아웃사이더가 된다.

줄어들지 않는 청년 실업 문제도 빼놓을 수 없다. 일자리 자체가 줄어든 영향도 있지만 그 원인 중 하나로 소셜미디어를 꼽을 수 있다. 정보 비격차가 해소되는 과정에서 구직자들의 눈높이가 높아진 것이다. 예전에는 일자리에 대한 정보가 별로 없고 비교 대상도 한정적이었다. 하지만 요즘은 누구나 쉽게 정보를 얻을 수 있으며 더 좋은 대안과 더 나은 조건을 끊임없이 업데이트하고 있다. 선택지가 많고 비교대상이 많다 보니, 웬만해선 마음에 차지 않는다. 자신의 현실과 이상 사이의 괴리가 커지면서 선택을 포기할 확률 또한 높아진다.

개인의 연애도 이 논리에서 자유롭지 않다. 수많은 솔로들이 인스타그램 속 선남선녀를 보면서 자신의 현실 속 관계는 시시하다고 생각한다. 상위 10퍼센트의 관심 받는 사람들, '인싸'들이 어떻게 살고 있는지 볼 수 있으니 나의 평범하고 별 볼 일 없는 일상이 왠지 초라하게 느껴지기도 한다. 그것이 한껏 포장된 삶의 일면임을 알면서도 자신의 현실이 주는 고단함에 스스로 움츠러든다.

최근에 꽤 흥미롭게 읽은 책 중 폴란드의 석학 지그문트 바우만(Zygmunt Bauman)의 《고독을 잃어버린 시간》이 있다. 바우만은 이 책에서 현대인 일상의 주무대가 온라인이 되어버린 현실과 거기에 몰입하는 인생, 그로 인한 많은 문제들에 대해 이야기하고 있다. 그는 지금 내 곁에 있는 가족과 친구보다 나와 관심사가 비슷하다는 이유로 온라인으로 연결된 누군가와 더 강한 정서적 유대감을 보이는 현실을 우려한다. 그의 말처럼 우리는 '충분하고 진실하게 혼자 있을 수 있는 고독'을 잊고 있다.

하지만 이를 비관적으로만 봐야 할까? 모든 일에는 양면성이 있다. 언제나 긍정과 부정의 기재는 정반합을 이루며 작동한다. 거기서 긍정성을 찾아내고 극대화하는 것, 가능성에 무게를 싣고 미래를 일궈내는 것 또한 우리가 할 일이다. 혼자만의 시간을 통해 성찰할 수 있는 기회는 줄어들었지만 그 안에서 자신만의 성장의 기회를 찾아내는 이들도 많다. 온라인으로 인한 오프라인의 관계 단절을 해소하기 위해 역으로 온라인을 활용하는 움직임도 활발하다.

누구나 슈퍼 인디비주얼이 될 수 있다

소위 '인싸' 중에는 연예인급 셀럽들이 많다. 수만 명의 팔로워들이 찾는 인스타 셀럽 중에는 특정 분야에 충실한 콘텐츠를 통해 자신만의 스토리를 만들어서 책을 출판하고 취향을 담은 제품을 만들어서 판매하는 이들도 많다. 전업주부가 살림 전문가이자 식품회사 바이어로, 애견인이 관련 용품 제작자로 변신해서 새로운 인생을 사는 사례도 쉽게 발견할 수 있다.

어떤 분야든 자신만의 콘텐츠가 있다면, 그것을 대중에게 선보일 기회는 무궁무진하다. 틱톡이나 유튜브 등을 통해 직접 만든 노래를 불러서 올릴 수도 있다. 예전에는 상위 클래스에 들지 못하면 자신의 재능을 선보일 기회를 갖지 못했다.

하지만 지금은 진입 장벽이 낮아졌고 통로도 열려 있다. 창의력과 개성을 조금만 살려내면 재능을 펼치고 인정받는 것이 가능하다. 단순하게 말해 누구나 '슈퍼 인디비주얼(Super-Individual)'이 될 수 있다. SNS에 매몰된 삶을 살지 않고 그것을 열린 플랫폼으로 활용하는 데 주목한다면, SNS 시대는 분명 새로운 기회 창출이라는 긍정적 효과로 답할 것이다.

관심과 취향을 기반으로 한 소셜 클럽의 등장

SNS의 폐해를 이야기할 때 가장 많이 언급되는 것 중 하나가 '남들만 행복하고 나만 불행한 것 같다'는 상대적 박탈감과 소외감 그리고 폐쇄적 삶이다. 개인화 성향이 짙어지고 1~2인 가구가 많아지면서 대인관계에 부담을 느끼는 사회구조 역시 한몫을 하고 있다.

지금 20대들의 경우, 실제의 만남보다는 카카오톡의 단톡방이 만남의 역할을 대신하고 있다. 그러다 보니 일상에서 맺는 관계들이 좀 피곤하게 느껴지고 덜 가치 있게 느껴지기도 한다. 하지만 온라인 속 관계만으로는 인간적인 교류를 제대로 하고 있다는 충족감이 들지 않는다. 그런 맥락에서 보면 최근의 소셜 살롱들의 등장은 눈여겨볼 만하다. 온라인을 기반으로 형성된 오프라인 모임인데,

독서, 등산, 운동 등 모임의 성격도 다양하다.

유료 소셜 클럽들도 많다. 관계의 비중이 줄어드는 것 같지만 오히려 '제대로 된 관계'의 중요성은 더 커지고 있으며 그것을 원하는 사람들도 증가하고 있다. 일상적인 관계가 아닌 취향과 관심사를 기반으로 새로운 관계를 만들려는 욕구도 심화되고 있다. 참여형 유료 독서 모임 '트레바리(Trevari)'도 그중 하나로, 2015년 국내 최초로 독서모임을 수익모델로 발굴한 스타트업이다. '굳이 돈을 내며 모여서 책을 읽어야 할까?'라고 생각할 수 있다. 하지만 트레바리의 비전인 '세상을 더 지적으로, 사람들을 더 친하게'에 공감하는 이들은 점점 더 늘어나고 있다.

관심사와 취향이 같은 사람들이 모여 독서 활동을 통해 '사회적 경험'을 나누는 이 모임은 특이하게 공간을 통해서도 소속감을 느끼게 한다. '압구정 아지트', '안국 아지트'처럼 회원만 이용할 수 있다는 소속감을 주면서 특별한 관계를 지향하는 이들의 니즈를 읽어냈다. 트레바리는 2020년 1월에 강남역 인근에 독서모임 전용 빌딩을 열면서 성장 가능성을 인정받아 소프트뱅크벤처스, 패스트인베스트먼트로부터 50억 원 규모의 투자를 유치했다. SNS 시대의 역설적인 니즈를 사업의 아이디어로 삼은 좋은 사례다.

이외에도 밀레니얼 세대의 특징을 잘 반영한 트렌디한 소셜 클럽의 성공 사례는 많다. 개인의 정체성과 취향을 중시하는 밀레니얼 세대들이 자신의 관심사에 기반한 커뮤니티 시장을 키우고 있다.

온오프라인 그룹 운동 플랫폼 '버핏서울(Butfitseoul)'도 그중 하나다. 유튜브에 수없이 많은 운동 콘텐츠가 있지만 남녀가 모여 함께 운동하자는 광고는 젊은 직장인들의 욕구를 건드렸다. 버핏서울은 최근 컴퍼니케이파트너스와 카카오벤처스로부터 15억 원의 투자를 유치했다.

기회와 가능성의 문은 열려 있다. 자기만의 콘텐츠가 있고 거기에 개성을 담아 표출할 수 있다면 누구라도 슈퍼 인디비주얼이 될 수 있다. 그 안에도 빛과 그림자가 있지만, 어쨌든 세상의 변화는 막을 수 없다. 중요한 것은 그 변화의 파도를 얼마나 유연하게 잘 타느냐다.

새로운 직업군, 크리에이터에 대하여

세상과 사람들에게 영향력을 미치는 개인들, 인플루언서(Influencer)들의 파이는 점점 커지고 있다. 어떤 이들을 '인플루언서'라고 하는 걸까?

아주 광범위하게 해석하자면 영향력 있는 개인 모두를 일컬을 수 있지만, 여기서는 미디어를 활용하는 개인에 초점을 두고 이야기하려 한다. 인플루언서의 유형은 크게 2가지로 나눌 수 있다. 각 분야의 전문성을 바탕으로 기존 미디어를 통해 대중들에게 영향을 미치는 고전적 의미의 인플루언서와 자신만의 미디어로 소통하는 새로운 시대의 인플루언서다.

새 시대의 인플루언서, 크리에이터

소셜미디어 초창기에는 트위터가 대세였다. 주로 지식인과 전문가들 중심으로 형성된 '트위터리안(Twitterian)'은 당시 최고의 인플루언서로 각광받았다. 그들은 사회적 문제에 관한 자신의 의견을 표출하고 사람들에게 메시지를 만들어 전달하는 도구로 미디어를 활용했다. 이와 함께 페이스북은 온라인을 바탕으로 관계 맺기를 하는 도구이자 이슈를 공론화시키는 장으로서 미디어의 새로운 역할을 담당했다.

이제 새로운 유형의 인플루언서로 '크리에이터(Creator)'가 주목받고 있다. 전통적인 미디어에서 기존의 영향력을 바탕으로 인플루언서로 활동한 이들과는 달리, 크리에이터는 자신만의 미디어와 콘텐츠로 대중의 주목을 받고 영향력을 갖게 되었다. 이 2가지 유형 중 전자에 속하는 전문가와 지식인, 연예인들은 별도의 콘텐츠 없이 SNS를 통한 메시지 전달과 사진 업로드만으로도 얼마든지 영향력을 가질 수 있다.

하지만 후자인 크리에이터들은 콘텐츠가 확실해야 한다. 더 깊이 있고 몰입도가 높은 콘텐츠를 개발해야 인플루언서로 지속적인 활동을 할 수 있다. 유튜브를 중심으로 등장한 대도서관, 도티, 보겸, 장삐쭈 등과 같은 크리에이터들은 본인이 만든 콘텐츠를 통해서만 승부할 수 있다는 말이다.

도티는 명실상부한 어린이들의 초통령이다. 상냥하고 바른 언어 표현과 교육적인 콘텐츠로 부모들이 인정한 최고의 키즈 크리에이터다. 장삐쭈는 B급 유튜브 문화 그 자체로 샌드박스네트워크의 대표 크리에이터라 할 수 있다. 이들은 자신만의 개성과 재능으로 대중과의 소통에 성공한 대표적인 사례다.

그리고 실시간 인터넷 방송을 하는 BJ인 '스트리머(Streamer)'가 또 다른 축을 이룬다. 이들은 크리에이터들처럼 콘텐츠 제작 중심은 아니지만 인터넷 방송을 통해 입담과 재능, 재치를 선보이며 자신의 매력을 한껏 발산한다.

점점 더 다양해지고 있는 크리에이터 유형

인플루언서의 영역만큼이나 크리에이터의 유형도 다양해지고 있다. 제작 능력이 톱클래스는 아니지만, 구독자들의 세분화된 관심사를 충족시키는 콘텐츠를 만들어서 인기를 끌고 있는 유튜버들이 있다.

홈베이킹이나 셀프 인테리어 등의 영역을 개척해 자신만의 독보적인 포지션을 만들어내는 경우가 이에 속한다. 쉽고 간단한 홈베이킹 팁을 전해준다거나 1인 가구를 위한 인테리어 팁과 함께 자신만의 라이프스타일을 담아내는 식이다.

이런 유형은 구독자가 폭발적으로 늘어날 수 있는 콘텐츠는 아니지만 특정한 취향과 니즈를 가진 독자들을 잘 공략한다면 나름의 팬덤을 만들 수 있다. 실제로도 고정 팬덤을 갖고 다양한 수익활동을 하는 크리에이터들이 늘어나고 있다.

콘텐츠를 만들면서 한발 더 나아가 자신의 캐릭터와 브랜드를 성장시킬 수 있는 창작 활동을 한다면 유튜브를 비롯한 1인 매체의 발전 가능성은 더욱 긍정적이다. 인지도를 넓히는 데서 나아가 수익활동으로까지 연결할 수 있으니 말이다.

크리에이터로 변신한 연예인들은 어떤가. BTS급의 슈퍼스타는 아니지만 크리에이터로서는 엄청난 팬덤을 형성한 이들도 많다. 그 외에 방송 활동은 활발하지 않지만 크리에이터로는 왕성한 활동을 하는 연예인들도 상당하다.

이처럼 인플루언서의 유형은 다양하다. 개인의 명성과 인지도를 바탕으로 한 이들이 있는가 하면, 자신만의 창작 능력 혹은 타고난 재능을 통해 인플루언서가 된 경우도 있고, 구독자의 니즈를 잘 공략해 틈새시장에 진출한 이들도 많다.

지금은 크리에이터 3세대 시대

크리에이터는 크게 3세대로 분류할 수 있다. 초창기 크리에이터들은 게임 방송 위주의 라이브 스트리밍 세대로 풍월량, 대도서관 등이 대표적이다. 당시는 '아프리카TV'가 1인 콘텐츠 제작 생태계의 중심이었으며, 별풍선을 통해 수익활동을 했다. 동시대의 크리에이터로 블로거들도 빼놓을 수 없다. 그들은 텍스트와 이미지로 자신만의 콘텐츠를 만든 사람들로 광고 협찬을 통해 주요 수입원을 만들었다.

이들 중 아프리카 BJ들이 제일 먼저 유튜브로 넘어왔다. 유튜버들과는 결이 조금 다르고, 콘텐츠를 크리에이티브하게 만드는 역량이 떨어진다는 평가도 있지만 꼭 그런 것은 아니다. 크리에이티브한 역량을 보여주며 자기만의 매력을 발산하는 이들도 많다. 사실 실시간으로 3시간씩 누군가에게 자신의 콘텐츠를 보여준다는 것은 콘텐츠 기획자로서의 역량이 없다면 쉽지 않은 일이다. 그만큼 기획자로서 탁월한 능력을 갖고 있다고 볼 수 있다.

그런 기획력을 바탕으로 성장한 양띵, 대도서관, 보겸 등이 1세대 유튜버로 자리를 잡았고, 그들의 성공을 본 후 시작한 2세대 유튜버들이 도티, 김블루, 김재원 등이다. 그들은 스트리밍을 중심으로 한 콘텐츠를 제작하기보다는 스트리밍 운영과는 별도로 유튜브 중심의 콘텐츠를 만들었다. 이즈음에 블로거들도 유튜브로 유입되기 시작했다. 씬님, 이사배와 같은 뷰티 블로거들이 유튜버로 엄청난 성장을 했다.

이제 3세대 시대를 맞았다. 블로거 출신, 연예인이나 방송인뿐 아니라 다양한 분야의 전문가 혹은 자신의 취미활동을 콘텐츠로 제작하는 일반인 등 정말 다양한 주체들이 유튜버로 활동 중이다. 한 예로 신사임당은 경제 채널 PD에서 재테크 유튜버로 변신해 큰 주목을 받고 있다. 소액으로 시작하는 창업 노하우 전파를 시작으로 이제는 경제 분야 전문가들을 인터뷰하면서 양질의 재테크 정보를 제공하고 있다.

의사, 성우, 일러스트레이터, 학생, 주부 할 것 없다. 자기만의 콘텐츠만 있다면, 또 그것을 매력적으로 표출할 수만 있다면 유튜버가 되는 데 경계란 없다.

탁월한 크리에이터의 조건

샌드박스네트워크는 철저히 크리에이터 중심의 회사다. 인지도가 아닌 개인의 콘텐츠 능력으로 승부하는 이들과 함께 성장하는 데 주안점을 두고 있다. 그래서 크리에이터의 조건 중 제작자로서의 열망, 개인의 매력을 가장 중시한다. 최근에는 개인의 매력만 갖고도 유튜버로 각광 받는 이들이 늘어나고 있다. 그래서 제작자로서의 열망이 다소 낮더라도 남다른 매력을 갖고 있는 이들에게는 성장할 수 있는 기회를 주기 위해 노력하고 있다.

크리에이터의 역량으로 유형을 좀 더 세분화해보자. 도티, 보겸,

이사배 등은 '크리에이티브'가 강한 케이스다. 반면 장삐쭈, 총몇명, 배꼽빌라, 정육왕, 슈카 등은 '콘텐츠 제작 능력'이 우수하다. 이처럼 둘 중 한 가지 역량만 탁월해도 좋은 크리에이터로 성장할 수 있다. 그런데 개인 역량의 차별점과는 달리 공통적으로 갖추고 있어야 할 조건이 있다. 바로 콘텐츠의 요소를 잘 배치하는 '편집 능력'이다.

탁월한 크리에이터들은 '인물' 자체의 매력도 갖추고 있는데 이는 대중에게 어필하는 요소이자, 콘텐츠 제작과 편집에서도 중요한 요소다. 본인보다 더 자신의 매력을 잘 드러낼 수 있는 제작자가 있을까? 본인이 주도권을 쥐고 제작, 편집, 촬영, 연출까지 디렉팅할 수 있다면 결과물은 확연히 달라진다. 뭘 찍고 뭘 만들지 알고 있으면 훨씬 빨리 제대로 할 수 있다. 디렉터의 의도를 짐작하고 파악해서 촬영하고 제작하는 것은 비효율적일 수밖에 없기 때문이다. 본인이 스스로를 디렉팅해서 어떤 콘텐츠를 만들지 설계한 다음 찍으면 편집도 필요 없을 정도로 심플하다.

반면 기존 방송 환경의 제작자들은 다르다. 차별화를 위해 계속 다른 무언가를 추가하려 한다. 출연자를 늘리고 해외 로케를 하는 등 다양한 장치를 더한다. 하지만 그것은 유튜브 기반의 플랫폼에서는 좋은 콘텐츠를 만드는 방법이 아니다. 기존의 방송매체 제작 환경에 익숙한 이들이 유튜브에서 자리를 잡지 못하는 이유가 바로 여기에 있다. 사용자 입장에서 유튜브 환경에 대한 이해를 하지 못한 채 '뭐든 요소를 더 하면 좋아해줄 거야'라는 생각에서 벗어나지 못하기 때문이다.

크리에이터는 나만의 크리에이티브와 매력으로 제작한 콘텐츠로 영향력을 키워나가는 사람들이다. 거기에 스토리까지 더해진다면 더할 나위 없다. 이 3가지 조건을 충족한다면 최상이지만 그중 한 가지만 갖고 있어도 도전하기에 충분하다.

크리에이터의 3가지 성공 요인

도티는 나에게 종종 제작자로서의 괴로움을 토로하곤 한다. "시청자들 눈높이가 점점 높아져서 더 좋은 콘텐츠를 만들고 싶은데 그게 쉽지 않네…." 1인 크리에이터의 아이콘 같은 그도 늘상 이런 자기와의 싸움을 하고 있다. 어쩌면 당연한 고민이기도 하다. 과거의 방송 채널 시대는 콘텐츠 공급자가 수요를 조절하는 시대였지만 이제는 수요자가 우위에 서 있다.

도티가 오랜 시간 동안 자신의 팬덤을 유지하는 비결을 꼽자면 구독자들의 높아진 눈높이를 충족시키기 위해 끊임없이 변화하고 있다는 점을 들 수 있다. 어떻게 하면 예전엔 안 보여줬던 새로운 것들을 보여줄까? 어떻게 해야 스토리를 더 깊이 있게 만들고 음악과 영상의 퀄리티도 더 높일까? 이렇게 고민한 것들을 바로 실현하고 싶은데 본인의 생각만큼 구현이 되지 않으니 괴로울 수밖에 없다.

나는 도티의 이런 고민이 제작자로서의 역량이자 열망, 즉 기획력이라고 생각한다. 제작자로서의 고민이 있는 사람들이라면 자기가 가진 것을 표현하는 데 그치지 않고 구독자를 먼저 생각하게 마련이다. 뭔가를 만들어서 남들에게 보여주는 자체에서 희열을 느끼는 것이다. 그런 사람이 바로 크리에이터다.

'기획력'은 크리에이터의 숙명이다

2015년 즈음이었다. 도티는 라이브를 그만하고 싶다고 말했다. 나는 너무 놀라서 "매일 콘텐츠를 올려야 되는 상황에서 라이브를 하지 않으면 어떻게 하겠다는 거야?"라며 반문했다. 그때 도티는 놀란 나에게 차분하게 자신의 생각을 털어놓았다.

"점점 촬영을 위한 라이브로 변질되어가고 있어. 유튜브에 올려야 하니까 촬영을 하고, 촬영을 하려면 콘텐츠가 있어야 하니 어쩔 수 없이 하게 되는 것 같아. 나조차도 재미가 없어지고 있는데 콘텐츠가 잘 나올 리 없잖아. 라이브 그만하고 연출된 촬영만 해서 영상을 올리고 싶어."

도티가 왜 그런 고민을 하는지 이해할 수는 있었다. 하지만 라이브는 룰만 정해놓고 신나게 놀고 가면 끝인데 기획 촬영은 다르다. 스토리보드를 짜야 하고 여러 가지를 준비할 시간과 투입해야 할 리소스가 많아진다. 반면에 콘텐츠 분량은 더 적다. 당시 나로서는 걱정이 앞설 수밖에 없었다.

원래 도티는 하루에 15분짜리 콘텐츠 4개를 만들었다. 3시간 동안 찍고 그것을 1시간으로 편집하고, 1시간짜리를 15분씩 잘라서 4개를 올렸다. '도티의 경찰과 도둑'을 4편으로 잘라서 올린 것이다. 그러던 중 도티가 하루에 15분짜리 1개만 올리겠다고 말하는 게 아닌가. 나는 몹시 의아해했다. 그건 수익에 바로 영향을 미치는 결단이기 때문이다.

크리에이터는 유튜브 수익으로 먹고사는데, 하루에 4개씩 올리던 영상을 1개만 올리면 수익은 그만큼 줄어들 수밖에 없다. 그때 도티는 확고하게 자신의 의견을 밝혔다. 기존에는 라이브와 병행하기 위한 다시보기 서비스 형태의 편성에 가까웠다. 하지만 도티는 유튜브라는 VOD 중점 플랫폼에 어울리는, 기승전결이 있는 고퀄리티 영상을 제작해 하루에 한 편씩 올리겠다는 것이었다. 도티라면 새로운 돌파구를 만들어낼 거라고 생각했다. 그래서 이런저런 말을 하지 않았다. "알았어. 돈은 다른 걸로 벌지 뭐."

그런데 놀라운 일이 벌어졌다. 기존에는 1개의 영상당 10만 뷰의 조회 수가 나왔는데 기획과 플롯이 더해지자 몰입도가 더 높아져서 조회 수가 영상당 40만 뷰로 급상승했다. 갑자기 40만 뷰짜리 채널이 되어버렸다. 그때 내가 느낀 건 저예산 콘텐츠라고 해도 주어진 조건 안에서 더 잘 만드는 방법이 분명히 있다는 것이다. 대중들은 콘텐츠의 퀄리티를 누구보다 민감하게 알아챘다. 예산을 좀 덜 들이고 게을리하는 순간 금세 반응을 보인다.

대중들의 선택은 냉정하다. 기획자가 공을 들이면 그들은 누구보다 먼저 빛나는 보석을 발견해낸다. 그래서 수많은 콘텐츠 중에서도 독보적으로 인정받는 콘텐츠가 나오는 것이다. 이 일을 하는 사람들은 매일같이 그걸 직접 느끼기 때문에 콘텐츠를 더 잘 만들고 싶다는 기획력에 대한 열망을 버릴 수가 없다.

'브랜드'로서의 매력을 가져야 한다

크리에이터에게 콘텐츠 기획력이 가장 중요한 성공 요소라면 두 번째는 브랜드로서의 매력을 갖는 것이다. 여기서도 도티를 예로 들 수 있다. 도티가 갖고 있는 가장 큰 장점은 기획을 잘하고 열심히 노력한다는 점이지만, 자신만의 매력이 없었다면 절대 톱클래스의 크리에이터가 되지 못했을 것이다. 기획력과 함께 매력적인 브랜드를 가졌기에 지금처럼 250만 명의 구독자를 가진 크리에이터가 될 수 있었다. 한계를 넘어서려면 반드시 브랜드로서의 매력이 있어야 한다.

그런데 조금 조심스러운 이야기지만 매력은 타고나는 측면을 무시할 수 없다. 도티의 매력은 '목소리'다. 도티의 목소리는 아이들이 정말 좋아하는 맑은 하이톤이다. 그 누구도 흉내 낼 수 없는 말투와 목소리, 환호성, 웃음 등이 아이들을 사로잡는 첫 번째 매력이다.

도티만큼이나 타고난 매력을 가진 이가 유병재다. 그는 코미디 자체를 너무나 좋아한다. 코미디를 더 많은 사람들에게 보여주고 싶은 열망이 강해서 직접 스토리를 쓰고 연출하고 있다. 그는 "사람들이 내가 만든 코미디를 보고 좋아해준다는 사실이 너무 짜릿해. 그거면 돼"라고 말한다. 그런데 그가 기획자로서의 능력만으로 인정받은 것은 아니다. 사람들은 유병재의 의도된 약간의 찌질함과 외모, 자신을 낮추면서 보여주는 코믹한 그만의 매력을 발견해내고 좋아해준다.

그는 재능 있는 개그맨들을 발굴해서 자신의 연출과 기획력으로 띄우는 데 쾌감을 느끼는 타고난 기획자다. 최근 '카피추' 추대엽을 자신의 채널을 통해 코미디의 새로운 아이콘으로 등장시켰다. MBC 공채 개그맨으로 데뷔한 카피추는 다양한 인기곡들을 표절인 듯 아닌 듯 재치 있게 개사해 인기를 끌고 있다. 최근에는 유명 가수들과 콜라보 콘텐츠를 제작하며 공중파에도 진출했고 광고계 러브콜도 받았다.

크리에이터의 매력은 '스토리'에서 나온다

1인 미디어 시대는 새로운 '아웃라이어(Outlier)'의 등장을 불러왔다. 크리에이터 중에서도 탁월한 콘텐츠 기획력과 매력을 갖고 있는 이들이 스토리까지 겸비하면서 남다른 성공을 거두고 있다. 스토리가 있는 사람들은 삶에서 계속 자신만의 뭔가를 만들면서 성장해왔고, 그 변화를 통해 자신만의 매력을 다듬어나가고 있다. 사실 개인의 스토리야말로 가장 강력한 매력이기도 하다.

최근에는 '스토리'라는 무기를 내세운 이들이 유튜브에 속속 등장해 새로운 강자로 떠오르고 있다. 콘텐츠를 제작해본 경험은 없지만 삶이 만들어낸 스토리 자체가 콘텐츠가 되고, 남에게는 없는 나만의 이야기와 매력으로 어필한다.

지금의 미디어는 스토리를 가진 사람들이 부각될 수밖에 없는 환경이다. 연령대가 조금 있는 사람들도 자신의 스토리가 있다면, 2030세대의 트렌디한 기획력이 주는 것과는 다른 매력으로 승부수를 띄울 수 있다. 대중들은 자신이 관심 있는 스토리나 자신의 가치관과 맞는 콘텐츠라면 인물의 유명세가 떨어져도 호기심을 보인다. 그래서 나는 유튜버가 되고 싶다는 이들에게 "유튜버는 언제든 될 수 있다. 그러니 지금은 자신만의 스토리를 만들어나가라"고 조언한다.

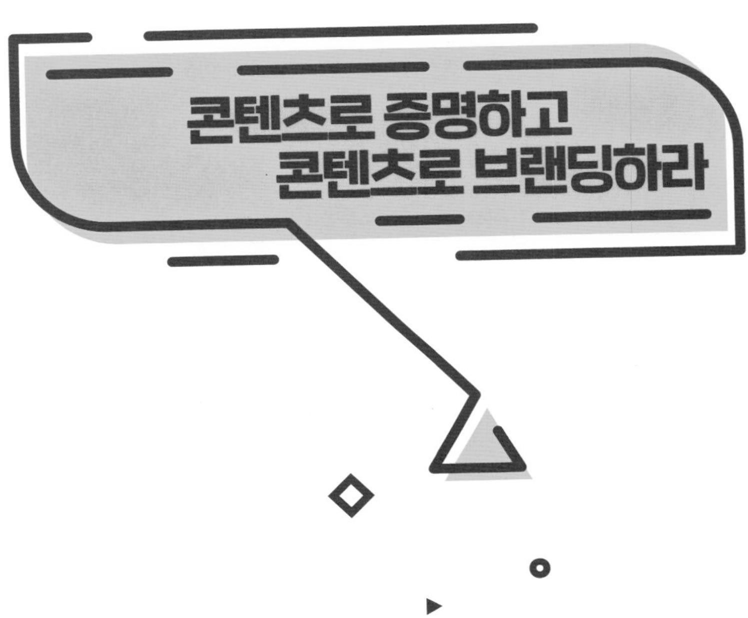

SNS로 자신의 브랜드를 만들어나가는 이들은 모두 브랜드 전문가다. 페이스북, 인스타그램 등 SNS 활동을 통해 어떻게 자신을 브랜딩해야 하는지 웬만한 전문가들만큼 잘 알고 있다. 다양한 플랫폼을 경험하면서 자신의 브랜드를 구축하고 표현하는 훈련을 계속 하고 있기 때문이다.

이러한 추세에 따라 기업의 브랜딩 전략에도 전면적인 변화가 나타나고 있다. 광고와 같은 일방적인 홍보, 마케팅 조직 중심의 활동, 일관된 메시지 등으로는 밀레니얼 세대의 관심을 받을 수 없다. 자신의 취향과 관심사에 맞는 브랜드를 전방위적으로 수집하는 데 익숙한 이들의 욕구를 채워주기엔 역부족이다.

콘텐츠가 좋으면 크리에이터도 좋아진다

그렇다면 크리에이터들은 어떻게 자신의 브랜드를 만들어나가야 할까? 우선 "Why me?"라는 질문에 답할 준비가 되어 있어야 한다. '왜 사람들이 나의 채널을 구독하는 걸까?'에 대해 고민하는 것은 콘텐츠에 집중하고 있다는 의미다. 기업이라면 제품이나 서비스로 답하겠지만 크리에이터는 콘텐츠로 답해야 한다.

이제 막 크리에이터의 길로 들어선 이들에게 나는 이런 말을 자주 한다. "사람들이 지금 너의 유튜브 채널에 방문하는 건 너를 보기 위해서가 아니라 콘텐츠를 보기 위해서다." 유튜브 조회 수가 늘어나고 구독자가 많아지면 흔히 '이제 내가 브랜드가 되었구나'라고 생각하는데 이는 착각이다. 제작자인 나 자신에게도 꼭 필요하고 볼 만한 가치가 있는 콘텐츠로 승부해야 한다.

그래서 처음에는 제작자의 입장이 아닌 구독자의 입장에서 만들어야 한다. 예를 들어 게임을 정말 잘하고 싶으면 게임 잘하는 법을 알려주고, 특정 게임에 대해서 깊이 있는 정보를 알고 싶다면 그 정보를 알려주면 된다. 내가 생각해도 유용하거나 재미있을 법한 콘텐츠를 만드는 게 가장 중요하다. 그다음 순서가 개인의 매력을 보여주는 것이다.

고등학교 때 연극부 연출자로 활동한 적이 있다. 심지어 영어 연극부였다. 그런데 당시 연극은 정말 빈약한 스토리에 플롯도 엉망이었고 대사도 유치한 창작극이었다. 우리끼리 대본을 쓰고 연출도 하고 출연도 했으니 거의 놀이에 가까웠다. 3학년 때는 1학년이 하는 연극을 무대에 올려서 같이 보는데 너무 웃겨서 배를 잡고 데굴데굴 굴렀다. 하지만 그것은 연극을 연출한 우리끼리만 아는 재미였다. 일반 관객들은 '이게 뭐지?' 하는 의아함을 느꼈을 것이다. 즉 그 연극은 콘텐츠로서의 가치가 없었다.

유튜브 콘텐츠도 마찬가지다. 특히 1인 미디어 시대에 대중들은 팀워크로 만들어내는 재미가 아닌 친근감이 들고 나와 코드가 맞는 콘텐츠를 만드는 크리에이터에게 모여든다. 처음에는 콘텐츠에 매력을 느껴서 계속 보다가 나중에는 그것을 만든 사람을 좋아하게 된다.

나는 게임 유튜버의 방송을 자주 본다. 게임에 대한 지식이 풍부하고 해설도 잘하면 더욱 좋다. 일단 나에게 필요한 정보를 재미있게 전달해줘서 좋다. 콘텐츠가 좋으면 차츰 호감이 생기고 팬이 된다. 그다음에는 그가 색다른 시도를 해도 거부감이 들지 않는다. 게임과 무관한 허접한 '썰'을 풀어도 재미있다. 콘텐츠를 넘어서 개인적으로 매력을 느끼게 되었기 때문이다.

구독자를 끌어당기는 매력도 콘텐츠에서 나온다

그런데 크리에이터는 이 순간부터 다시 긴장해야 한다. 대중들이 이를 신변잡기로 느끼지 않게 하려면 그만큼 원래의 콘텐츠를 진화시키는 노력이 동반돼야 한다. 매번 똑같은 소재, 똑같은 방식을 반복하다 보면 신선함이 떨어지고 동어반복의 지루함이 생겨난다. 반대로 본래 콘텐츠에서 너무 벗어나 껄렁한 농담과 썰만 풀면 채널의 본질이 흐려진다. 그러니 본래의 콘텐츠를 잘 유지하고 진화시키면서 다양한 변주를 시도해야 한다.

만일 게임 채널을 운영하고 있고, 그 게임에 특정 나라의 지역이 나온다고 해보자. 어느 날은 게임 영상 대신 여행 전문가를 불러 그 지역에 대한 상세한 정보와 다양한 여행 팁을 알아볼 수도 있다. 이런 콘텐츠는 애초에 내가 이 채널을 선택한 이유와는 상관없지만 끝까지 보게 된다. 구독자들에게는 일종의 '허브 콘텐츠'로 받아들여지고, 크리에이터에게 색다른 매력을 느끼게 한다.

게임과 전혀 상관없이 생뚱맞게 만들어지는 영상이 사람들의 인기를 끌며 폭발력을 보인다면 '히어로 콘텐츠'로 등극할 수도 있다. 이는 구독자들이 신기해할 정도로 관심도가 높고 비용과 볼륨이 큰 대표적인 마케팅 수단이다. 이처럼 콘텐츠는 본질을 유지하되, 변주를 멈춰서는 안 된다.

사람들은 상당히 복잡한 이유들로 특정 채널을 찾는다. 우선 해당 채널이 지닌 가치에 공감하기 때문이다. 그 가치가 종합적으로 어떻게 인지되느냐에 따라 브랜드의 네임밸류가 달라진다.

크리에이터는 콘텐츠를 통해 자신만의 매력을 드러내야 한다. 그래서 샌드박스네트워크는 콘텐츠가 있는 크리에이터에게 더 많은 기회를 주고 있다. 단지 캐릭터로서의 매력만 있는 이들에게 우리가 줄 수 있는 도움은 별로 없다. 물론 그 영역에도 주목하고 있지만 우선순위는 항상 콘텐츠를 잘 만들 수 있는 '크리에이티브'를 갖고 있는 사람들이다.

콘텐츠 자체로 차별화하고 진정성을 갖게 되면 매력은 자연스럽게 부각된다. 대중들은 없던 매력도 발견해내서 빠져든다. 나만의 브랜드를 만들고 정체성을 갖고 싶다면 순수한 마음으로 콘텐츠에 집중하고 그 안에서 매력을 발산하려고 노력해야 한다.

왜 크리에이터 중심이어야 하는가

Chapter 3_ MCN 시장의 현주소

구글에서 스타트업으로, 샌드박스네트워크의 출발

구글에서 내가 담당한 업무는 '구글 애드센스'에서 콘텐츠를 만드는 사업자들이 구글의 광고를 통해 수익을 올릴 수 있도록 도와주는 일이었다. 주로 온라인 신문과 커뮤니티 사이트, 게임 관련 콘텐츠 회사들과 일했는데, 그 무렵 인터넷 비즈니스의 본질에 대해 많은 고민이 밀려왔다. 구글은 온갖 콘텐츠를 검색하고 소비할 수 있도록 만든 플랫폼이다. 그 안에서 일하다 보니 자연스럽게 플랫폼에서 유통되는 콘텐츠의 비즈니스나 콘텐츠를 만드는 사람들에게 관심이 생겼다. 콘텐츠와 플랫폼, 이 둘은 서로 떼려야 뗄 수 없는 관계다.

2010년부터 많은 사람들이 플랫폼 비즈니스의 가능성과 잠재력에 주목하기 시작했다. 그런데 상대적으로 콘텐츠에 대한 주목도는 떨어졌다. 하지만 나는 콘텐츠가 플랫폼 못지않게 중요할 뿐만 아니라 좋은 콘텐츠만으로도 충분히 사업을 키울 수 있다는 가능성을 직감했다.

'강남스타일'이 몰고 온 미디어의 변화

2012년 무렵 유튜브는 한국에서 빠르게 성장하기 시작했다. 그때의 주요 콘텐츠는 방송국 콘텐츠와 뮤직비디오였다. 당시 싸이의 〈강남스타일〉이 글로벌한 성공을 거두자 국내의 유저들과 방송 제작자들도 유튜브의 파급력에 놀랐다. 이후 방송국에서도 자체 콘텐츠를 유튜브에 올리기 시작했다. 하지만 초창기에는 지상파방송국 연합체인 스마트미디어랩(SMR)이 유튜브가 해당 콘텐츠에 지불하는 대가가 충분하지 않다는 이유로 한국 서비스를 막았다.

유튜브에 방송국 콘텐츠가 없다는 것은 광고 세일즈에 너무나 불리한 이슈가 되었다. 또한 SMR이 주로 콘텐츠를 제공한 곳은 국내 대표 포털인 네이버와 다음 등이었는데 그들과의 경쟁에서 이길 확률이 없다는 회의론이 퍼져가고 있었다. 그런데 이 상황을 타개할 새로운 동력이 등장했다. 바로 크리에이터들의 도약이었다.

당시에 나는 유튜브와 관련된 일을 하고 있었기 때문에 유튜브에서 어떤 채널들이 성장하고 있는지에 관해 내부적으로 트래킹을 하고 있었다. 그때 2개의 채널이 상단에 올라와 있었다. 바로 '대도서관'과 '양띵'의 채널이었다. 이들은 이미 아프리카TV에서 꽤 유명한 BJ들이었는데, 유튜브에 채널을 만들면서 사람들이 몰려들었고 순식간에 급성장했다. 이후 유튜브에 크리에이터들의 콘텐츠들이 기하급수적으로 올라오기 시작했다. 유튜브로서는 방송국 콘텐츠가 없는 상황에서 크리에이터와 윈윈할 수밖에 없었다.

그 무렵 늦깎이 복학생이었던 친구가 내게 이런저런 진로 고민을 하면서 조언을 구해왔다. 나는 그 친구에게 "쓸데없는 생각하지 말고 취업이나 빨리 해"라고 말했다. 그런데 어느 날 갑자기 그 친구가 이렇게 말하는 게 아닌가. "필성아, 내가 크리에이터를 해보면 어떨까?"

느닷없기는 했지만 문득 대도서관과 양띵이 떠올라서 핀잔을 주는 대신 희망 섞인 조언을 해줬다. "그래? 한번 해봐. 다른 크리에이터들도 이제 막 시작하는 단계니 열심히 하면 못해도 중간은 갈 거야." 군대도 늦게 갔다 온 복학생 친구의 뜬금없는 계획에 내가 그런 조언을 할 수 있었던 건 구글에서 크리에이터들이 부상하고 있는 걸 직접 보고 있었기 때문이다.

어느 날 나의 구글플러스 계정으로 누군가 친구 신청을 해왔다. '이게 뭐지?' 프로필 사진도 마인크래프트 애니메이션이어서 초등학생이라고만 생각했다. 그런데 올려놓은 게임 영상을 보니 낯익은 목소리가 들렸다. '어? 어디서 많이 들어본 목소린데?' 다름 아닌 그 친구가 제작한 유튜브 동영상이었다.

재미삼아 그 동영상에 '너무 못한다, 이상하다'라는 댓글을 달았더니 친구에게서 바로 전화가 왔다. "야! 당장 댓글 내려. 사람들이 본단 말이야!" 그 말에 나는 "누가 본다고 그래? 아무도 안 보거든!"이라고 대꾸했지만, 그렇게 그 친구는 인기 크리에이터가 되었다. 누구보다 열심히 공부하고 노력했으며, 그 과정에서 본인도 몰랐던 재능이 있음을 깨달았다.

그를 응원하면서 나는 플랫폼을 활용한 비즈니스의 실체를 목격할 수 있었다. 내가 애드센스 일을 하던 당시 옆 팀은 구글 플레이 팀이었는데 구글 플레이에서 그야말로 난리가 났었다. 카카오톡 게임이 성과를 내기 시작했기 때문이다. 모두의 마블, 세븐나이츠, 블레이드와 같은 게임들이 구글 플레이라는 플랫폼으로 어마어마한 돈을 벌기 시작했다. 그 무렵 정말 많은 모바일 앱 스타트업들이 나왔고, 구글 플레이라는 거대한 플랫폼 생태계 안에서 콘텐츠와 서비스를 만드는 한국의 회사들이 급성장했다.

업계에서는 향후 플랫폼 비즈니스가 큰 성과를 낼 거라는 말이 무성했다. 하지만 실제로 한국에서 플랫폼을 활용해 글로벌하게 성공한 케이스는 라인 외에는 전무했다. 그런데 구글과 애플이라는 거대한 글로벌 IT 회사들이 플랫폼을 만들기 시작하니, 그 플랫폼

위에 좋은 콘텐츠를 만들어 얹는 것만으로도 성공적인 비즈니스를 할 수 있게 된 것이다. 그때 넷마블(Netmarble)과 카카오(Kakao)가 본격적으로 성장하기 시작했다.

이런 거대한 물결을 실감하면서 한국에서 스타트업을 한다면 좋은 콘텐츠만으로도 의미 있는 비즈니스를 할 수 있겠다는 생각을 하게 되었다. 콘텐츠 비즈니스의 새로운 가능성을 본 것이다.

비드콘에서 발견한 새로운 기회들

"필성아, 미국에서 비드콘이라는 행사가 열리는데 나랑 같이 갈래?"

2014년 무렵, 친구가 나에게 비드콘에 참석하고 싶다면서 연락을 해왔다. 나는 별다른 고민도 하지 않고 대답했다. "그래! 가자. 이왕 가는 김에 샌프란시스코에 들러서 구글 본사도 구경하자." 그렇게 우리는 LA에서 열리는 비드콘 행사에 참석했다.

비드콘(VidCon)은 세계 최대 규모의 온라인 동영상 축제다. '비디오(Video)와 컨퍼런스(Conference)'를 합친 말로 콘텐츠 창작자들과 플랫폼을 운영하는 미디어 관계자들이 모여 영상산업의 현재와 미래에 관한 의견을 나눈다. 행사장에서는 즉흥적으로 컬래버레이션 영상을 제작하거나 크리에이터들이 라이브 방송을 하기도 한다.

나와 친구는 비드콘에서 정말 많은 걸 보고 배웠다. 특히 행사가 열리는 애너하임 컨퍼런스 센터에서는 큰 충격을 받았다. '인더스트리얼 트랙(Industrial Track)'이라는 산업 관계자들을 위한 학술 포럼을 듣고 있을 때의 일이다. 갑자기 아랫층에 검은색 양복을 입은 경호원들이 막 들어오더니 뒤이어 어떤 자그마한 남자 아이가 옷을 뒤집어쓰고 허둥지둥 뛰어왔다. 그 뒤로 10대 백인 소녀들이 소리를 지르며 그를 쫓아 몰려오는 게 아닌가. 처음엔 유명 연예인인 줄 알았는데 가까이서 보니 그 꼬마는 유명 유튜버였다.

당시 우리나라의 유튜버는 인터넷에서 콘텐츠를 만드는 사람일 뿐 대중이 열광하는 대상은 아니었다. 하지만 미국에서는 유튜버가 아이돌 스타처럼 대접받고 있었다. 물론 해외의 크리에이터들이 인플루언서로 상당한 영향력과 팬덤을 갖고 있다는 건 알고 있었다. 하지만 크리에이터들의 생태계가 조금 더 일찍 자리 잡은 미국에서 그 실체를 직접 확인하고 나니 충격은 남달랐다. 그날의 경험이 나를 바꿨고 '아, 여기에는 분명 미래를 열 뭔가가 있다'라는 확신을 갖게 만들었다.

그리고 또 하나, 큰 충격으로 다가왔던 것이 있다. 글로벌한 엔터테인먼트 기업의 최고 엘리트들이 비드콘에서 콘텐츠 비즈니스에 대해 심도 깊은 고민을 하면서 토론하고 있다는 사실이었다. 그 기업들은 니켈로디언(Nickelodeon), 워너브라더스(Warnerbros), 월트

디즈니(Walt Disney) 등이었는데 구글은 오히려 소외돼 보였다. 플랫폼이 중요하긴 하지만 엔터테인먼트 영역에서 보면 콘텐츠를 가진 사람들이 주인공이기 때문이다.

미디어 엔터테인먼트라는 게 이렇게 멋진 사람들이 모여서 하는 비즈니스구나 하는 생각에 가슴이 뛰었다. 나도 그들과 함께 비즈니스를 해보고 싶다는 열망이 샘솟았다. 콘텐츠와 엔터테인먼트에 대해 아무것도 모르지만, 우리나라에도 이런 담론을 주도할 수 있는 생태계를 만들어보고 싶다는 새로운 꿈이 생긴 것이다.

그 꿈을 반드시 이루어야겠다는 각오를 다지게 된 계기도 비드콘에서 찾아왔다. 한 섹션에서 들은 발표 때문이었다. 미국 TV에 쏟아지는 광고비용과 디지털 콘텐츠에 쏟아지는 광고비용이 거의 100배 차이가 난다는 내용이었다. 디지털 콘텐츠업계에 돈을 쏟아붓고 투자하는 회사들의 시가총액이 TV 산업을 뒷받침하고 있는 방송, 통신, 엔터테인먼트 회사 수십 개의 시가총액을 모두 합친 것보다 훨씬 컸다.

물론 구글, 애플, 아마존, 페이스북, 넷플릭스가 미디어 비즈니스만으로 지금의 시가총액을 만든 것은 아니다. 하지만 그만한 자금력과 역량을 가진 기업이 미디어 비즈니스에 투자하고 있다는 건 콘텐츠 사업의 미래가 그만큼 밝다는 증표였다. 그 발표자는 마지막에 이런 질문을 했다. "앞으로 돈이 어디로 흐를 것 같나요? 한번 맞춰보세요." 이는 내 인생에 새로운 전환점을 제시한 질문이었다.

미래를 엿본 사람이 내디뎌야 할 발걸음

"우리 크루들이랑 같이 뭔가 해보고 싶어." 비드콘 참관을 마치고 샌프란시스코로 가는 도중에 친구가 내게 이렇게 말했다. 그가 말하는 '뭔가'는 크리에이터를 중심으로 한 회사를 만드는 것이었다. 비드콘에서 우리 두 사람은 같은 꿈을 꾸고 있었다. 크리에이터의 철학이 담기고 크리에이터들이 존중받는, 다른 논리가 아닌 크리에이터 중심의 논리로 운영되는 회사를 만들어보고 싶다는 열망을 갖게 된 것이다. 그날 이후 나와 친구는 끊임없이 고민하며 의견을 나누었다.

비드콘에서 본 디지털 콘텐츠의 현실과 미래는 분명 밝았다. 그리고 친구의 아이디어 속에는 크리에이터에 대한 이해와 철학이 담겨 있었다. 그것은 내가 평소에 갖고 있던 '선한 동기를 가진 사업이 더 잘 된다'라는 신념과도 맞닿았다. 물론 사회적 기업이 추구하는 지향점과는 조금 다르다. 하지만 돈을 버는 데 목적을 두기보다는 세상을 좀 더 좋은 방향으로 바꾸려는 노력에 기반한 사업을 하고 싶었다. 그런 사업이라면 궁극적으로 구성원과 소비자 모두에게 인정받고 윈윈할 수밖에 없다. 이런 여러 가지 조각들을 다 맞춰보면서 분명 해볼 만한 일이라는 확신을 갖게 되었다.

이 산업의 성장세와 방향을 목격했고, 그 업계의 전문가가 나의 가장 친한 친구였다. 나 역시 스타트업으로 시작한 구글에서 일하는 동안 곧 다가올 세상을 반 발짝 앞서 봐버렸다. 이런 상황에서 모른 척하고 그 일을 시작하지 않는다면 내 인생에 죄책감이 들 것 같았다. 일종의 직무유기랄까.

한국에 돌아온 후 본격적인 고민이 계속 되었다. 구글에서 나름 열심히 일하면서 인정도 받고 있었지만 '진짜 내가 원하는 게 이걸까'라는 질문은 떨칠 수 없었다. 그렇다고 지금의 안정된 삶을 다 팽개치고 처음부터 다시 시작한다는 것 역시 생각만으로도 고통스러웠다. 또한 초등학생이 좋아하는 마인크래프트 콘텐츠 몇 개로 시작하는 건 위험하기도 했다. 심지어 그때 이미 CJ가 진출해 있었고 몇 군데 회사가 창업을 한 상황이었다. 그들이 이미 모든 크리에이터는 다 가져간 느낌이었다.

큰 그림은 그려지지만 작은 그림이 그려지지 않아서 굉장히 괴로웠다. 뭔가를 새로 만들어볼 수 있겠구나 하는 설렘, 나 역시 많이 배우고 성장할 수 있을 거라는 기대감, 성공한다면 지금은 상상도 못할 것들이 기다리고 있을 것 같은 부푼 희망…. 그렇게 5개월가량 고민의 시간을 보내다가 마침내 결단을 내렸다.

친구는 자신이 크리에이터의 길을 갈 때 나의 조언이 가장 큰 응원이 되어주었다고 했다. 그런 친구가 또다시 내게 많은 힘이 되어주었다. 그는 바로 '도티'다.

도티는 내게 "아직은 그림이 잘 그려지지 않을 거야. 초반에는 내가 열심히 해서 돈을 벌 수 있으니까 고민할 시간을 가질 수 있어.

우리 같이 해보자"라고 말했다. 그 말에 나의 고민이 조금은 가벼워졌다. 결국 우리는 두 눈으로 목격한 세상의 변화를 외면할 수 없었고, 샌드박스네트워크는 그렇게 시작되었다.

21세기 '뉴 골드러시'의 한 축은 디지털 엔터테인먼트가 될 것이다. 산업기술의 혁명만큼이나 엔터테인먼트의 진화는 우리 삶을 바꿔놓을 게 분명하다. 누구도 디지털 엔터테인먼트가 '황금알을 낳는 거위'라는 사실을 부정하지 않는다.

디지털 엔터테인먼트란 무엇인가

그렇다면 디지털 엔터테인먼트란 무엇일까? 유튜브, 페이스북,

인스타그램, 틱톡 등 각종 디지털 플랫폼 위에서 유통되는 콘텐츠를 만들고 그와 관련된 사업을 하는 것을 디지털 엔터테인먼트라 한다.

앞서 말했듯 디지털 기술이 발전하면서 우리는 더 적게 일하고, 더 많은 여가를 누릴 수 있게 되었다. 놀이와 취미가 일과 직업이 되고, 디지털과 문화가 결합해 엔터테인먼트 산업의 한 축이 되었다.

디지털 엔터테인먼트는 크게 3가지 유형의 비즈니스로 나눌 수 있다. 첫째 콘텐츠를 만드는 비즈니스, 둘째 콘텐츠를 활용해서 다양한 사업을 하고 영향력을 갖는 비즈니스, 셋째 디지털 엔터테인먼트의 생태계와 관련한 기능적인 역할을 하는 비즈니스다.

이 3가지 비즈니스를 모두 다루는 회사를 '종합 MCN(Multi-Channel Network)'이라 한다. 내부적으로 직접 콘텐츠를 만들거나 크리에이터를 매니지먼트하면서 동시에 소속 크리에이터들을 위한 여러 가지 기능적인 서비스도 제공한다. 사업적으로는 광고 영업이나 커머스 등을 하면서 위의 3가지 유형의 비즈니스 기능을 모두 갖추고 있다.

대표적인 종합 MCN으로는 CJ ENM의 다이아TV, 샌드박스네트워크, 트레져헌터(Treasure Hunter), 콜랩 아시아(Collab Asia, Inc.) 등을 꼽을 수 있다. 이중에서 샌드박스네트워크와 다이아TV는 그 속성이 조금 다르지만 종합 MCN업계에서는 가장 점유율이 높고 규모감 있는 비즈니스를 하는 회사라 할 수 있다.

디지털 엔터테인먼트 회사의 지형도

종합 MCN도 콘텐츠 영역별로 세분화할 수 있다. 뷰티만 전문적으로 다루는 레페리뷰티엔터테인먼트(Leferi)와 아이스크리에이티브(Icecreative), 게임 콘텐츠만 만드는 롤큐(Lolq) 등이 대표적이다. 이처럼 종합 MCN 중에서도 특정 전문 분야에 집중하는 회사를 '버티컬 MCN'이라 한다.

이 외에 '부티크 MCN'도 있다. 이는 내가 규정한 개념으로 크리에이터를 위한 기능적인 서비스나 사업보다는 콘텐츠 제작에 집중하는 회사를 일컫는다. 특정 크리에이터를 위한 소수의 전문가 집단이 만든 회사로, 몇 명의 크리에이터와 그들의 콘텐츠를 중심으로 비즈니스를 하는 회사다.

종합, 버티컬, 부티크 이 3개의 MCN이 특정 분야를 집중적으로 다루는 사업 파트를 만들기도 한다. 그중 하나가 콘텐츠 영역에 집중하는 '디지털 콘텐츠 스튜디오'다. 이와는 별개로 소속된 크리에이터들을 매니지먼트한다기보다는 PD와 기획자들이 모여서 직접 만든 콘텐츠를 바탕으로 비즈니스를 하는 회사도 있다. 대표적인 디지털 콘텐츠 스튜디오로는 딩고 등의 브랜드 채널을 운영하며 연예인 엔터테인먼트 사업을 하는 메이크어스(Makeus), '와이(WHY: 당신이 연인에게 차인 진짜 이유)'라는 웹드라마 제작으로 알려진 플레이리스트(Playlist)를 꼽을 수 있다.

콘텐츠보다는 좀 더 비즈니스 영역에 집중하는 회사도 있다. 콘텐츠를 제작하거나 크리에이터를 매니지먼트하면서 관련 사업으로 영역을 확장한 케이스다. 이 영역의 회사는 인플루언스 마케팅 에이전시, 광고대행사 역할을 하면서 제품을 기획 판매하는 미디어 커머스 회사 등으로 나눌 수 있다.

대표적으로 블랭크코퍼레이션(Blankcorp), 뷰티&라이프스타일 콘텐츠 커머스 데일리앤코(Dailynco)를 들 수 있다. 이들은 콘텐츠 기반 쇼핑몰이라고 하기엔 다소 무리가 있지만 편의상 디지털 엔터테인먼트 섹터 안에 넣어도 무방하다. 그리고 인플루언스 마케팅 에이전시로는 미디언스(Mediance), 인플루언스 마케팅 플랫폼 회사로는 레뷰(Revu)를 꼽을 수 있다. 옆 페이지의 '인플루언서 비즈니스 랜드스케이프 맵'을 참고하면 전체적인 지형을 파악할 수 있다.

이 외에 전체 미디어 플랫폼 생태에 관련된 부수적이고 기능적인 비즈니스를 하는 회사들이 있다. 데이터를 전문적으로 분석한다든가 크리에이터 관련 이벤트를 기획 진행하는 회사들인데 아직 국내에서는 이 분야 회사들의 입지가 좁은 편이다. 이 사업은 디지털 엔터테이먼트 시장 전체의 규모가 커져야 성장할 수 있는 비즈니스이기 때문이다. 반면 미국 같은 큰 시장에서는 이미 하나의 비즈니스로 자리를 잡았다. 가장 대표적인 회사는 웹진 형태의 미디어 튜브필터(Tubefilter)와 데이터 분석 회사 소셜블레이드(Social Blade) 등이 있다.

〈2020 인플루언서 비즈니스 랜드스케이프 맵〉

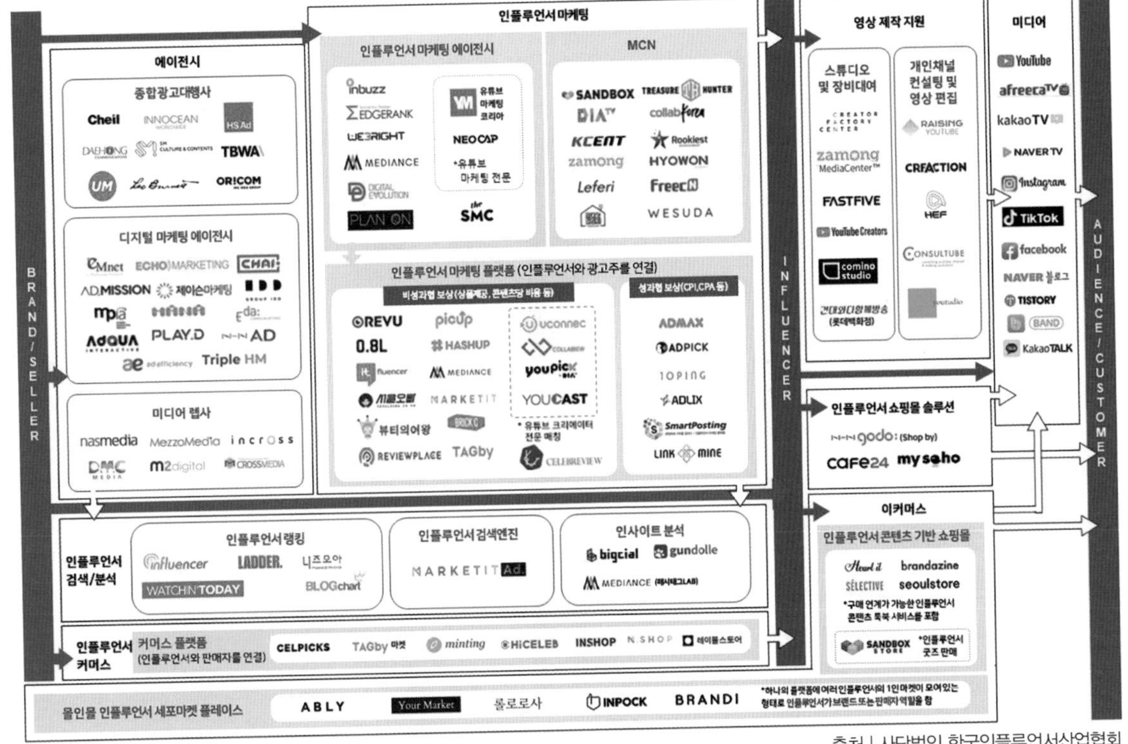

출처 | 사단법인 한국인플루언서산업협회

국내 회사로는 CJ ENM에 인수된 소셜미디어 데이터 솔루션 전문 기업 랭크웨이브(Rankwave)와 크리에이터와 팬을 연결해주는 이벤트 전문 회사 크라우드티켓(Crowdticket) 등이 있다. 제일기획도 인플루언서 랭킹을 서비스하는 비즈니스를 론칭했다.

이들 회사 외에 독립적으로 활동하는 크리에이터들로 이루어진 회사도 있다. 독립 크리에이터가 회사 규모 정도로 성장을 했거나, 몇 명의 크루들이 함께하는 부티크 MCN의 전 단계에 가깝다고 보면 된다.

MCN은 미디어 산업을 어떻게 변화시킬 것인가

앞으로 MCN 비즈니스의 지향점은 무엇일까? 첫 번째 방향은 콘텐츠 지적재산권, 즉 IP에 집중하는 것이다. 특정 크리에이터나 콘텐츠를 트랜스미디어 스토리텔링의 가능성이 높은 오리지널 콘텐츠로 개발해서 다양한 장르로의 확장과 부가사업을 하는 것이 목표다. 방송국이나 기존 미디어 회사 수준의 IP로 만들어야 한다.

샌드박스네트워크의 경우, 장삐쭈는 초창기에는 '병맛(비호감이지만 유쾌한 대상을 일컫는 신조어) 더빙'을 하는 1인 크리에이터였다. 하지만 이제는 수십 명의 제작 스태프들과 함께하며, 애니메이션 스튜디오 형태로 발전해나가고 있다. 옴니버스 형식의 단편 애니메이션을 제작하고 있는데 곧 장편 애니메이션을 만든다는 비전도 갖고 있다. 그렇게 되면 각각의 콘텐츠 IP가 성공해서 다양한 비즈니스로 확장해나가는 것이 가능하다.

2019년에는 펭수가 대표적인 IP로 성장해서 콘텐츠의 무궁무진한 확장성을 보여주었다. 이는 특별한 마케팅을 하지 않아도 콘텐츠 IP가 메가 IP로 성장할 수 있다는 가능성을 보여준 대표적 사례다.

대기업의 콘텐츠 사업 고도화 열기도 뜨겁다. CJ의 경우 미디어 커머스 기업으로 변신하기 위해 콘텐츠 기업인 CJ ENM과 홈쇼핑 업체 CJ오쇼핑을 합병했다. 저작권 판매와 광고 등 일회성 수익에서 탈피해 콘텐츠를 보다 더 다양한 시장 및 장르와 연계해 지속적인 수익 창출원으로 만들기 위해서다.

두 번째 방향은 사업적인 고도화를 이루는 것이다. 광고 일을 예로 들자면, 크리에이터와 광고주를 연결하는 데 그치지 않고 유튜브 내에서 광고 효율을 높이기 위한 종합 솔루션을 제공한다. 커머스도 단순히 인스타그램에서 물건을 잘 파는 정도에 머무르지 않고 인플루언서를 브랜드로 성장시키는 역할까지 한다.

이렇게 사업적으로 고도화하면 콘텐츠 흥행과는 별개로 이 생태계 내에서 수익을 올릴 수 있다. 물론 현재 디지털 엔터테인먼트 생태계 안에서 사업을 고도화하기란 쉽지 않다. 하지만 광고 수주액이 몇 천 억 수준으로 커진다면 광고대행업과 커머스 회사들도 충분히 큰 규모의 회사로 커나갈 수 있다.

세 번째 방향은 기능적인 영역으로, 테크놀로지를 중심으로 한 성장을 꾀하는 것이다. 이 영역이 성장하려면 한국 시장을 탈피해서 글로벌 시장을 타깃으로 삼아야 한다. 솔루션업체는 관련 기술로 서비스를 만들고 서비스 비용을 바탕으로 사업성을 확보해야 하기 때문에 한국이라는 작은 시장에서 살아남기란 쉽지 않다. 그래서 솔루션 제작업체들은 대부분 미국의 테크 회사들이다. 심지어 우리나라의 크리에이터나 관련 기업들도 프리미어 계좌를 개설해 유튜브 채널을 분석해주는 소셜블레이드의 서비스를 사용하고 있다.

콘텐츠를 더 큰 IP로 성장시키기, 사업을 고도화하기, 테크놀로지 중심의 해외 진출. 이 3가지 지향점은 상호 연결되어 있다. 가령 사업을 고도화해서 테크 관련 솔루션을 만들면 해외 진출이 가능하고, 콘텐츠의 고도화를 이루면 글로벌 콘텐츠 미디어 회사가 될 수 있다. 테크와 콘텐츠를 결합한다면 메가 IP로 글로벌 콘텐츠 전쟁에서 승자가 되는 일도 가능해진다. 이 3가지 영역을 디지털 엔터테인먼트 회사들의 개별적인 성장 요인이자, 투 트랙 전략으로 상호 결합시킨다면 거기서 발생하는 시너지는 상당할 것이다.

도전과 실패를 통한 고도화, 정반합의 성장

샌드박스네트워크는 올해로 창립 5주년을 맞았다. 2015년 도티와 의기투합해서 창업한 후, 불과 몇 년 만에 MCN에서 가장 주목받는 회사로 성장했다. 물론 그만큼 샌드박스네트워크의 성장 과정도 버라이어티했다. 가파른 성장세 이면에 위기와 굴곡도 만만치 않게 있었다.

가장 큰 위기는 내부적인 문제였다. 일부 크리에이터가 슈퍼 인디비주얼로 급부상하면서 생긴 변화가 원인이었다. 그들의 성장을 돕던 스태프들이 '크리에이터와 우리는 다르다'는 걸 쉽게 받아들이지 못했다. 크리에이터들도 마찬가지다. 성공한 크리에이터들은 완전히 다른 삶을 살기 시작했다. 수십 억 원의 돈을 벌어 슈퍼카를 타고 다니는 이들이 생겨나자 동료 크리에이터들의 좌절도 깊어졌다. 사실 나조차도 당황스러웠다. 이 상황을 구성원들에게 어떻게 설명해야 할지 고민하고 나름의 논리를 만들어가는 시간이 필요했다.

크리에이터의 급성장이 야기한 문제점

창업하고 1년도 안 돼서 그런 시기가 찾아왔다. 갑자기 인생이 달라진 크리에이터들이 생기니까 그 과정에서 다른 크리에이터들은 좌절을, 스태프를 비롯한 구성원들은 상대적인 박탈감을 느낄 수밖에 없었다. 그때까지만 해도 나 역시 '크리에이터는 우리와 다르다'는 것을 완전히 인정하기 어려웠다.

그런데 어느 사업이든 성장의 원동력, 즉 엔진 역할을 하는 사업 영역과 구성원은 있다. 경영자 입장에서는 회사 운영의 중심을 거기에 둘 수밖에 없고, 성과에 대한 보상도 차별화할 수밖에 없다. 그 과정에서 직원들 간에 생기는 상대적 박탈감과 서운함, 시기 등의 문제는 피해갈 수 없는 딜레마다.

우리의 비즈니스를 영위하기 위한 엔진은 크리에이터들이다. 다른 이들의 업무 중요도나 가치가 낮다는 의미가 아니라 핵심 역량이 크리에이터들에게 있음을 부정할 수 없다는 뜻이다. 그들의 성장은 곧 우리의 성장을 의미하므로 이 사실을 객관화시켜 구성원들이 인식하게 만들어야 했다. 크리에이터의 상상력과 창의력은 특별한 것이고, 구성원들은 이를 극대화시키는 생태계·문화·시스템을 만들어나가는 역할을 하고 있다는 동기부여가 필요했다. 나부터 인식의 변화를 위해 노력했고 구성원들을 설득했다.

그 시기를 잘 넘겼기에 지금의 샌드박스네트워크가 존재한다고 생각한다. 이 무렵부터 회사의 경영 철학도 조금씩 명확해졌다.

한계를 돌파하는 원동력, 크리에이터에게서 나온다

사업을 하면서 가장 힘들 때는 자신의 한계를 깨닫게 될 때다. 나 역시 '결국 여기까지인가?'라는 의문이 들 때가 제일 힘들었다. '아무리 성장해봤자 크리에이터들을 모으는 게 전부가 아닐까? 사업의 고도화가 어렵고, 더 이상 마진율이 오르지 않으면 끝나겠구나'라는 생각이 엄습하자 큰 좌절감이 들었다.

샌드박스네트워크의 두 번째 위기는 콘텐츠 기업이라면 어떤 기업이든 피해갈 수 없는 없는 문제에 맞닥뜨렸을 때 찾아왔다. 유튜브라는 플랫폼 안에서 어떻게 하면 콘텐츠로 지속적인 수익을 올릴 수 있을까 하는 부분이 막막했다.

하지만 이 문제 역시 돌파구는 있었다. 그 첫 번째 돌파구는 도티를 상품화해서 라이선싱 사업을 시작하는 것이었다. 이는 유튜브에서의 파급력과 영향력을 세상에 증명해 보인 계기가 되었다. 덕분에 콘텐츠의 타깃층과 소재의 한계를 극복하고 사업의 고도화를 위한 발판을 만들 수 있었다.

물론 스타 크리에이터 한 명이 어디까지 성장할 수 있을까 하는 고민도 있었다. 하나의 채널을 가진 개인이 만들어내는 콘텐츠의 한계는 분명하지 않은가. 그런데 이런 갈등과 고민도 크리에이터들이 스스로 극복해나갔다. 장삐쭈는 본인의 크리에이티브 스튜디오를 바탕으로 전국구적인 인지도와 IP를 가진 콘텐츠를 만들어내는 시스템을 갖게 되었다. 콘텐츠의 무한한 확장을 가능케 한 것이다.

크리에이터들의 창의력과 상상력은 무궁무진하다는 것을 다시 한번 깨달았다. 우리는 한계에 봉착할 때마다 이런 노력을 통해 그것을 돌파해나갈 새로운 국면을 만들어나갔다. 도티TV 라이선싱, 장삐쭈의 스튜디오, 유병재의 영입…. 이들이 샌드박스네트워크에서 자신의 엄청난 잠재력으로 신사업을 개척해나갔기에 우리는 한계를 이겨내면서 큰 좌절 없이 성장해나갈 수 있었다.

콘텐츠 회사의 위기를 극복하는 '정반합적 성장'

경영자로서 나의 역할은 구성원들에게 자신의 한계를 이겨낼 기회를 주는 것이다. 그것이 우리 회사가 그들에게 줄 수 있는 가장 중요하고 분명한 비전이다. 내가 크리에이터와 스태프들에게 약속한 회사는 '개인이 더 큰 꿈을 이룰 수 있고 잠재력을 확인해볼 수 있는 회사'이다.

샌드박스네트워크가 외형적으로 큰 어려움 없이 성장해온 이유는 내부적으로 한계를 극복하기 위한 노력을 부단히 해왔기 때문이다. 나는 그 과정을 '정반합적 성장'이라고 말한다. 크리에이터와 직원 그리고 회사의 역량이 점점 커지고 고도화되는 과정은 한 가지가 성장하면 다른 하나가 부진하고, 또 그것을 끌어올리기 위해 노력하면 또 다른 게 부족해지는 '채우고 비우고를 반복하는 정반합적 성장'이라 할 수 있다.

크리에이터가 늘어나면 사업의 규모가 그것을 못 따라가고, 사업이 다양해지면 또 크리에이터들의 콘텐츠가 부족하고, 콘텐츠가 다양해지면 그것을 감당할 사업 인프라가 약한 국면이 반복된다. 샌드박스네트워크는 이런 과정을 거듭하면서 도전과 좌절을 이겨나가고 있다.

하지만 그 정반합적인 발전 안에서도 변치 않는 경영 원칙은 있다. 첫째, 크리에이터를 성장의 중심에 두되 그 결과는 구성원 모두가 함께 공유한다는 것이다. 둘째, 불확실한 상황에서도 이 업이 갖고 있는 성장의 한계를 깨고 그다음 단계로 나아가는 노력을 쉼 없이 해나간다는 약속을 지키는 것이다.

왜 크리에이터가 중심이 돼야 하는가

샌드박스네트워크는 크리에이터가 중심이 되는 회사답게 크리에이터당 매출액도 업계 선두권을 달리고 있다. 샌드박스네트워크의 크리에이터는 380팀(2020년 2분기 기준)인데, 그들이 만들어낸 매출액과 브랜드 이미지는 경쟁 회사들을 능가하고 있다.

이러한 성과를 거둔 데는 크리에이터에 대한 인식의 차이가 중요한 영향을 미쳤다고 본다. 사실 나조차도 창업 초기에는 크리에이터를 일반 직원과 비슷하게 대했다. 친구가 크리에이터였기 때문이기도 하지만 그들이 다른 구성원들과 함께 어우러져야 회사가 성장할 수 있다고 생각했다. 크리에이터들은 콘텐츠를 만들고 직원들은 그들을 도우면서 즐겁게 일하다 보면, 회사가 잘될 거라는 '커뮤니티' 관점에서 경영을 했다.

크리에이터에 대한 인식의 변화

초창기 회사의 분위기는 동아리에 가까웠다. 하지만 회사가 커나가기 위해서는 변화가 필요했다. 우선 크리에이터의 존재를 새롭게 인식할 필요가 있었다. 콘텐츠를 창작하는 사람들이 갖고 있는 사고 구조와 라이프스타일, 동기부여 방식과 일하는 과정은 일반 직원과 너무 달랐다. 즉 크리에이터와 스태프는 조직 내에서 서로 다른 역할을 하는 존재라는 걸 받아들여야 했다.

사업 초창기에는 평범한 사람도 크리에이터가 될 수 있다고 생각했다. 하지만 성공하는 크리에이터는 결코 평범하지 않았다. 비범한 면이 있어야 성공하는 크리에이터가 될 수 있었다. 개인의 매력이든, 창의적인 기획력이든, 특별한 스토리든 간에 톱 크리에이터가 되려면 반드시 남다른 무언가가 있어야 한다.

그들이 갖고 있는 유별난 텐션과 기획력은 정말 놀랍다. 아이디어를 내고 완성해내는 과정을 보면 "이 창의력 대장들! 어떻게 이런 걸 해내지?"라는 탄성의 말이 절로 나온다. 이는 그들의 제작 과정을 지켜본 사람만이 알 수 있다. 이런 경험을 한 후로는 크리에이터와 조직 내 다른 구성원들의 역할도 달라져야 한다는 인식을 갖게 되었다. 크리에이터는 자신의 재능으로 존재하고, 우리는 크리에이터들의 잠재력을 극대화시키는 걸 제일 잘하는 동반자이자 파트너다.

크리에이터들이 갖고 있는 기획력, 매력, 스토리는 남다르다. 누구나 비슷한 아이디어는 낼 수 있다. 사내 직원들도 게임 콘텐츠를 만들 수 있다. 하지만 막상 만들어서 유튜브에 올려보면 반응은 완전히 다르다. 수많은 회사들이 이 지점에서 실패한다. 잘나가는 크리에이터들이 하는 것처럼 비슷하게 따라 하면 성공할 수 있겠다는 착각을 한다.

대중들이 원하는 크리에이티브는 성공한 누군가를 흉내 내서 엇비슷하게 만들어내는 수준을 넘어서는 것이다. 크리에이터 개인의 매력과 창의성이 녹아들지 않은 콘텐츠는 진정성과 생명력이 없다. 또한 성실한 태도와 콘텐츠에 대한 자신만의 철학을 갖고 있어야 지속적으로 성장할 수 있다.

아이들이 도티를 좋아하는 이유는 뭘까? 물론 그들은 이런 저런 이유를 대며 좋아하지 않는다. 단박에 도티만의 차별화된 매력에 빠져든다. 하지만 그 차별화된 매력은 오랜 시간 동안 쌓아온 노력이 뒷받침되지 않으면 빛을 발할 수 없다.

사람은 어떤 결과가 기존의 관념과 취향으로 설명되지 않을 때

쉽게 인정하려 들지 않는다. 크리에이터에 대한 평가도 마찬가지다. 하지만 나는 디지털 미디어 분야에서 일하며 겪은 경험으로 이제 알게 되었다. 크리에이터들이 남다른 존재감을 갖기 위해 얼마나 고민하고 노력하는지 말이다. 이 일이 사업적으로 탄탄하지 않아 보여도 결국 이 사업에서는 그들이 만드는 콘텐츠가 답이다.

크리에이터는 만들어지지 않는다, 그들은 선택된다

유튜브 콘텐츠를 만드는 방식은 여러 가지가 있다. 그중 회사가 콘텐츠를 기획하고 아이디어를 만든 후 크리에이터를 투입하는 방식이 있고, 크리에이터로 성장할 가능성이 있는 사람을 섭외해서 만드는 경우도 있다. 2가지 모두 성공 확률은 낮다. 설사 성공한다 해도 자발적인 기획과 콘텐츠를 가진 크리에이터를 발굴해서 키워나가는 것과 비교한다면 사업성 면에서도 떨어진다. 그래서 나는 '크리에이터는 선택된다'라는 믿음을 갖고 있다.

앞으로도 매력 있고 특출난 크리에이터들은 계속 등장할 것이다. 타고난 천재성을 가진 이들도 많다. 회사에서 제아무리 기발한 기획안을 내놓는다 해도 이들의 재능을 따라잡을 수는 없다. 장삐쭈처럼 말이다. 샌드박스네트워크가 크리에이터 영입에 총력을 기울이는 이유도 여기에 있다. 보이지 않는 곳에서 끊임없이 탄생하고 있는 크리에이터들을 발굴해서 그들의 개성에 걸맞은 콘텐츠를 기획·제작하고 매니지먼트하는 일은 '원석을 보석으로 다듬어나가는 일'로 우리만의 경쟁력 중 하나다.

그렇다면 크리에이터가 되고 싶은 이들은 어떻게 해야 할까? 일단 시작해야 한다. 스스로 기획하고 찍고 편집한 콘텐츠를 올리면서 경험을 통해 도전하는 게 필요하다. 자신만의 독자성을 갖고, 여기에다가 남다른 자신만의 스토리를 겸비한다면 기회는 반드시 온다.

코리안 좀비 정찬성처럼 이미 다른 분야에서 뭔가를 이루어낸 스토리가 있는 사람은 크리에이터로 성공할 확률도 높다. 기발한 아이디어를 갖고 있다 해도 스토리가 없고 스스로 콘텐츠를 만들어서 올려본 경험이 없다면 크리에이터가 되기 어렵다. 탁월한 외모도 하나의 재능이라 볼 수 있지만 그 역시 독자성을 가져야 선택받을 수 있다.

샌드박스네트워크의 정체성과 지향점

'가장 좋은 콘텐츠는 시청자들이 선택한 콘텐츠다. 그리고 성공한 기획은 크리에이터의 창의성에서 비롯된다.' 이런 확신을 갖게 된 후 샌드박스네트워크의 핵심 경쟁력이 무엇이고 그것을 강화하기 위해 어떤 노력을 해야 할지에 대한 답을 얻었다.

샌드박스네트워크의 지향점은 분명하다. 크리에이터의 리스크를 가장 많이 줄여주는 회사, 크리에이터의 광고 사업을 제일 잘해주는 회사, 크리에이터의 정서 관리에 집중하는 회사, 크리에이터가 더 좋은 콘텐츠를 만드는 데 가장 완벽한 조력자가 되는 회사다. 궁극적으로는 소속 크리에이터가 다른 크리에이터에게 추천해주고 싶은 회사가 되는 것이다.

물론 크리에이터와 콘텐츠에만 집중한다고 해서 지속적으로 성장할 수 있는 것은 아니다. 디지털 콘텐츠 사업도 커머스 사업과 다를 바가 없다. 폭발적으로 성장하고, 세상의 변화와 함께 움직이지만 그 과정에서 끊임없이 의심을 받는다. 쿠팡, 위메프만 봐도 그렇다. 특정 분야 하나만 잘해서 성공한 것은 아니다. 배송과 고객센터 운영도 잘해야 하고, 가격도 딴 데보다 싸야 종합 점수가 높아지고 결과적으로 고객의 만족도가 올라간다. 핵심 경쟁력 하나만으로는 성공을 담보할 수 없다.

그래서 디지털 콘텐츠 사업도 크리에이터가 핵심 경쟁력이지만 종합점수를 올리기 위해서는 여러 가지를 동시에 해내야 한다. 샌드박스네트워크가 크리에이터들의 신뢰를 얻고 시청자들의 사랑을 얻는 비결은 '크리에이터가 정말 잘하는 거 빼고 나머지는 우리가 다 잘하자'라는 직원들의 마인드 때문이기도 하다. 그 나머지도 잘해야 살아남을 수 있다. 물론 쉽지 않다. MCN업계도 경쟁이 치열하고 급성장한 만큼 한계가 보이기도 한다. 하지만 어려우니까 우리에게 기회가 있는 게 아닐까. 쉽다면 누구나 뛰어들 테고, 누구나 잘할 수 있다.

나는 사업상의 한계에 부딪힐 때마다 '우리가 남들보다 어려운 걸 잘해내니까 비즈니스적으로 기회가 있고, 리스크가 큰 일을 잘 해내기에 수익도 큰 거다'라고 스스로 동기부여를 해왔다. 우리는 정답이 없는 비즈니스를 하고 있다. 명확한 방법론도 없고 시장이 앞으로 어떻게 변할지도 알 수 없다. 하지만 그동안 위기를 극복해 온 과정과 서로에 대한 신뢰를 바탕으로 그 변화 역시 새로운 기회로 만들어낼 것이다.

샌드박스네트워크의 성장은 현재진행형

2020년 MCN 비즈니스는 그 어느 때보다 높은 성장세를 기록할 것으로 보인다. 기존 매체의 디지털 영역으로의 확대도 가속화되고 업계 간 크리에이터 유치를 위한 경쟁도 치열할 전망이다. 더불어 불확실성도 커질 테지만 이를 통제하는 과정에서 차별성은 더욱 분명해지지 않을까 싶다.

샌드박스네트워크의 비전은 앞서 언급했듯 가장 본질적인 3가지를 다 해내는 것이다. 물론 한 가지의 영역을 특화해서 전문 역량을 갖춘 회사로 성장할 수 있다. 하지만 우리의 목표는 콘텐츠 IP 고도화, 사업의 고도화, 기술의 고도화 이 3가지를 다 잘 이룬 디지털 엔터테인먼트 회사로 성장해나가는 것이다.

샌드박스네트워크는 '로켓이 아니다'

지금처럼 창의적인 크리에이터들을 열심히 발굴해서 영입하고, 크리에이터 각각의 잠재력을 극대화시켜 더 좋은 콘텐츠를 만들 수 있도록 투자해 함께 콘텐츠를 만들어나갈 예정이다. 현재 콘텐츠 영역에서는 장삐쭈처럼 기획자로 성장할 크리에이터들과 함께 IP 비즈니스에 더욱 박차를 가하고 있으며, 흔한남매, 총몇명의 성과를 바탕으로 출판과 이모티콘 등 다양한 콘텐츠를 개발 중이다.

콘텐츠 영역뿐 아니라 다른 분야에서도 혁신은 이어져야 한다. 광고사업도 더 고도화시키고, 커머스 비즈니스 등 지속적인 매출구조를 만들 수 있는 엔진을 갖추어나갈 예정이다. 아울러 이런 것들을 연결할 수 있도록 테크놀로지의 전문성을 길러서 데이터도 잘 활용하고, 내부 프로세스도 더 효율적으로 만들어 마케팅에 적극적으로 반영해야 한다. 이 3가지 영역의 고도화가 서로 조화를 이룬다면 앞으로 벌어질 치열한 경쟁에서도 우리만의 차별성은 더욱 강화될 수 있다.

한 매체와 인터뷰하는 도중에 기자가 샌드박스네트워크의 폭발적인 성장세를 '로켓'에 비유한 적이 있었다. 로켓이 순식간에 올라가듯 놀랍게 성장 중이고, 성장세가 더 빨라질 것이라는 뜻이다. 하지만 나는 '샌드박스는 콘텐츠 기업이고, 그 본질상 로켓은 아니다'라고 반론했다.

"샌드박스네트워크는 테크놀로지 기업이라기보다는 콘텐츠 기업에 가깝습니다. 서비스 개발이 성공해서 갑자기 대박을 내는 스타트업 모델은 아니에요. 문화 콘텐츠를 소비하는 방식, 유튜브를 보는 세대가 변화해야 하는 기업이에요. 그러니 로켓보다는 화성까지 멀리가야 하는 탐사선이라고 보는 게 더 적절할 것 같네요."

당시 내가 이렇게 말한 이유는 샌드박스네트워크도 문화의 패러다임을 바꾸기 위해 탐험을 멈추지 않는 기업이 되었으면 하는 바람 때문이었다. 인공위성을 쏘아올리는 로켓이 아닌, 행성의 환경을 파악하고 정보를 수집하는 등 인류의 새로운 미래를 위해 속속들이 살펴보는 탐사선처럼 샌드박스네트워크도 디지털 콘텐츠의 미래를 내다보는 역량을 가진 기업으로 키워나가고 싶다.

변화의 물결을 주도하기 위한 신성장동력 찾기

크리에이터 그룹 380팀, 구독자 1억 8,500만 명, 시청 시간 1,700억 분, 조회 수 590억 회, 유튜브 국내 점유율 10~15퍼센트. 연간매출 608억 원(2019년)으로 업계 2위. 매년 2배의 매출액 성장세 유지.

〈국내 주요 MCN 크리에이터 수〉

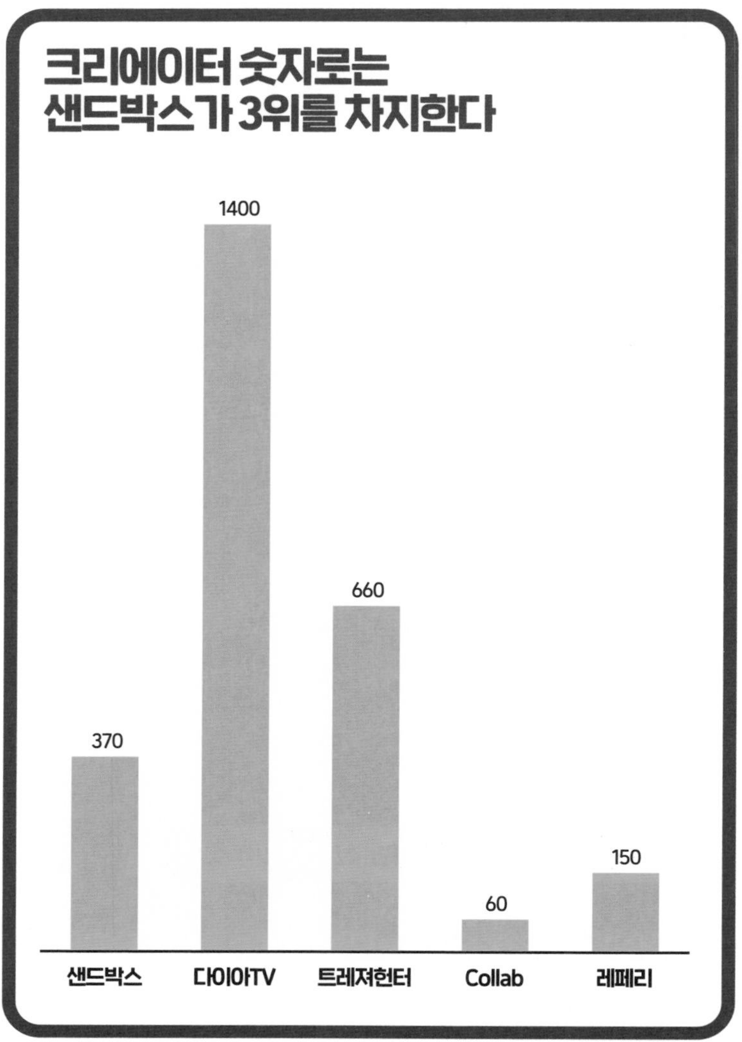

출처 | 각 사, 언론보도(2019년 4분기 기준)

이는 현재 샌드박스네트워크의 성장 지표로, 동종업계 대표 기업들이 보유한 크리에이터 수의 30~50퍼센트에 해당하는 팀으로 이루어낸 결과다. 2020년 매출액 목표는 1,000억 원이다.

샌드박스네트워크의 도전은 이러한 성장 지표 달성에 그치지 않는다. 우리의 목표는 '유튜버를 꿈꾸는 사람, 디지털 콘텐츠를 만들고 싶은 사람, 자신의 브랜드를 알리고 싶은 모든 이들의 꿈을 가능케 해주는 기업'이다. 그래서 매니지먼트, 종합 컨설팅, 콘텐츠 제작, 투자 등 사업 영역을 지속적으로 확대하고 있다.

2020년은 '슈퍼 개인과 마이크로 인플루언서를 각각 어떻게 품어야 할까'가 큰 화두다. 기존 MCN뿐 아니라 많은 기업이 슈퍼 개인을 매니지먼트하거나 제휴하기 위해 치열한 경쟁을 벌일 것이다.

샌드박스네트워크는 슈퍼 개인을 직접 관리·육성하거나 제휴해서 새로운 문화 트렌드를 만드는 데 주력할 예정이다. 소수의 상징적 크리에이터는 영입 후 매니지먼트를 하거나 사업적 제휴를 할 수 있다. 다수의 크리에이터 집단, 마이크로 인플루언서에게는 서비스 프로그램을 제공해서 인플루언서 마케팅을 넘어 비즈니스 모델을 만드는 시도를 할 것이다. 협업 방법은 다양하다. 이중 크리에이터에게 놀거리를 제공하는 '밈(Meme)'에 주목할 필요가 있다.

밈은 인터넷에서 재미있는 영상이나 사진, 그림 등이 빠르게 퍼지며 유행되는 현상을 일컫는다. 방송 프로그램 속 '짤(사진)'이나 '움짤(움직이는 사진)'을 자신의 상황이나 감정에 맞게 패러디해서

〈국내 주요 MCN 연간 매출 추이〉

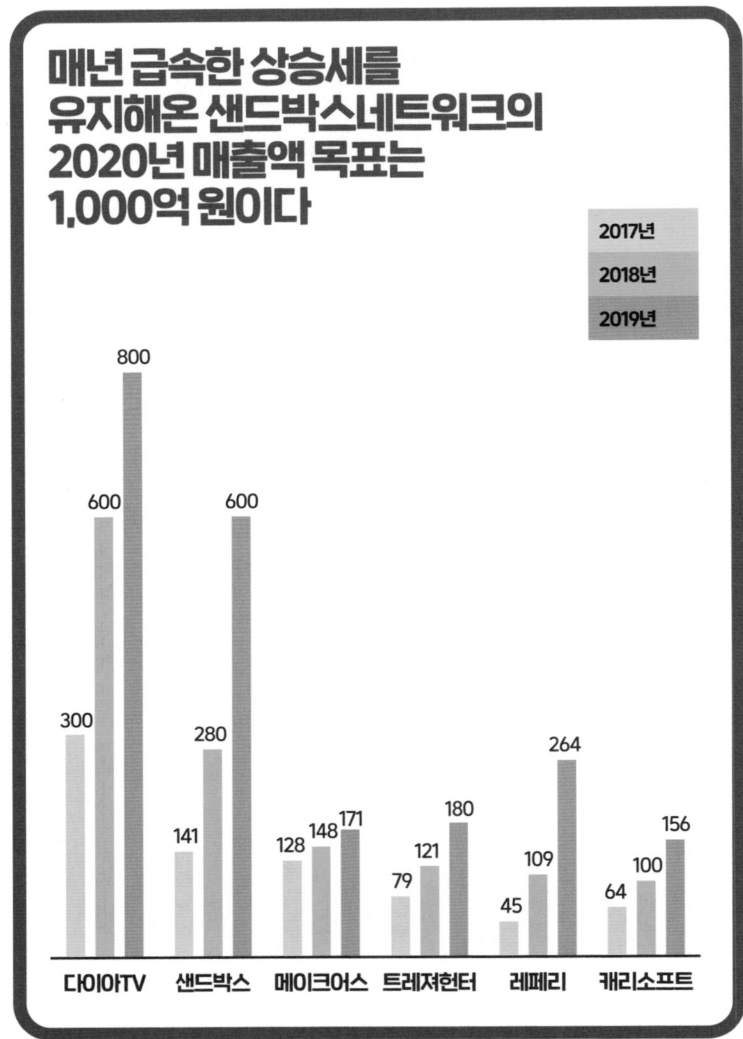

출처 | 각사, 언론종합, 메리츠증권 리서치센터(2019년 4분기 기준)

공유하는 것이다. 이러한 밈이 최근에는 '영상과 챌린지'라는 요소와 만나 급속도로 퍼져나가고 있다. 특정 영상을 보는 것에서 그치지 않고 자신도 따라 해야 완성되는 밈 문화가 소비자들을 새로운 창작자로 변신시켰다.

또 다른 화두는 플랫폼 시장의 변화다. 올해는 쇼트폼 전쟁이 시작되었다고 해도 과언이 아니다. 틱톡에서 지코의 '아무 노래 챌린지' 관련 영상은 폭발적인 화제를 몰고 왔다. 15초짜리 영상이 국내뿐 아니라 전 세계로 소비되고 있는데 스토리 중심의 유튜브 영상이 주류인 국내에서는 이례적인 사례다. 앞으로 고품질의 세분화된 쇼트폼의 유행은 온라인상의 새로운 놀이문화로 자리 잡을 것으로 보인다. 아울러 주목해야 할 점은 콘텐츠 커머스 사업에서 이를 어떻게 활용하느냐다.

글로벌 IT기업들의 참여도 동영상 콘텐츠 시장을 더욱 뜨겁게 달굴 것이다. 퀴비는 공동창업자들의 스토리뿐 아니라 스티븐 스필버그 등 할리우드 유명 감독들을 영입하면서 큰 화제를 모으고 있다. 구글도 1분짜리 교육 콘텐츠 동영상을 제작·공유할 수 있는 탄지(Tangi)를 출시했다. 국내에서도 카카오M, 네이버 'V라이브', 배달의민족 앱 띠잉(Thiing)이 쇼트폼 콘텐츠 시장에 뛰어들었다.

샌드박스네트워크도 틱톡과 크리에이터 육성 및 상생 비즈니스 모델 구축을 위한 협업을 시작했다. 또한 동남아와 중국을 시작으로 해외 진출에도 속도를 내고 있다. 최근에는 사내에 '데이터 랩'

〈국내 주요 MCN별 브랜드 인지도〉

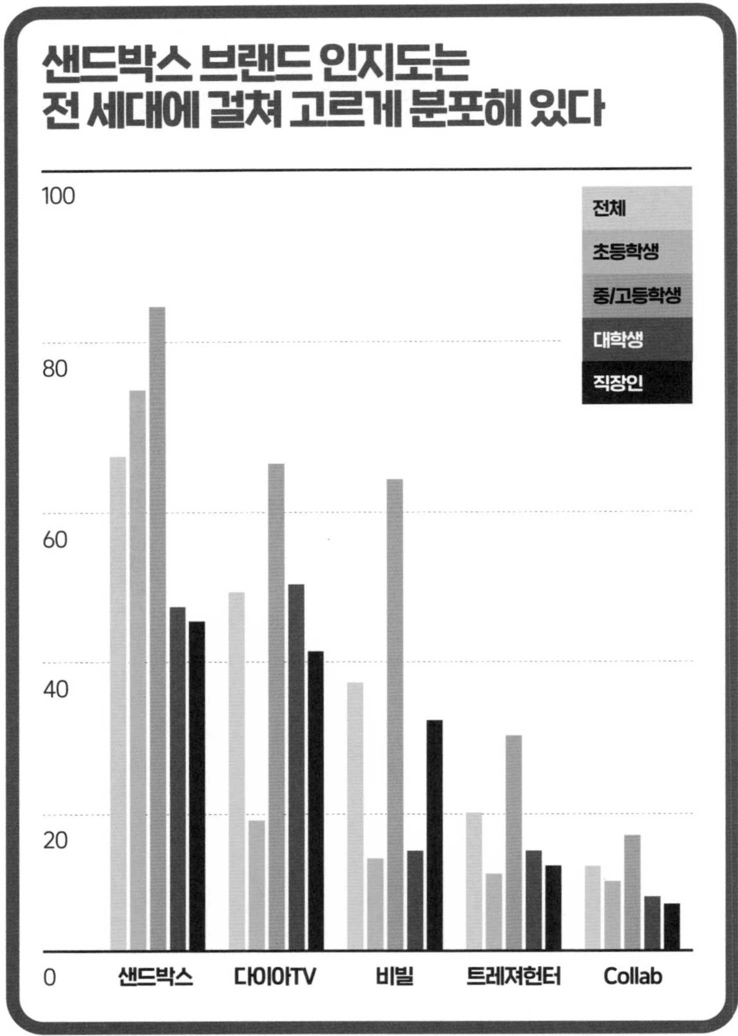

출처 | 샌드박스네트워크(2019년 3분기 기준)

부서를 신설해서 개발자 인력도 보강했는데 이는 각 크리에이터들에게 맞는 분석적이고 균등한 솔루션을 제공하기 위해서다. 데이터 사이언스를 통해 콘텐츠 테크를 이루는 것은 샌드박스네트워크의 또 다른 과제다.

모두가 연결된 스마트 월드

Chapter 4_ 플랫폼 비즈니스

09:40

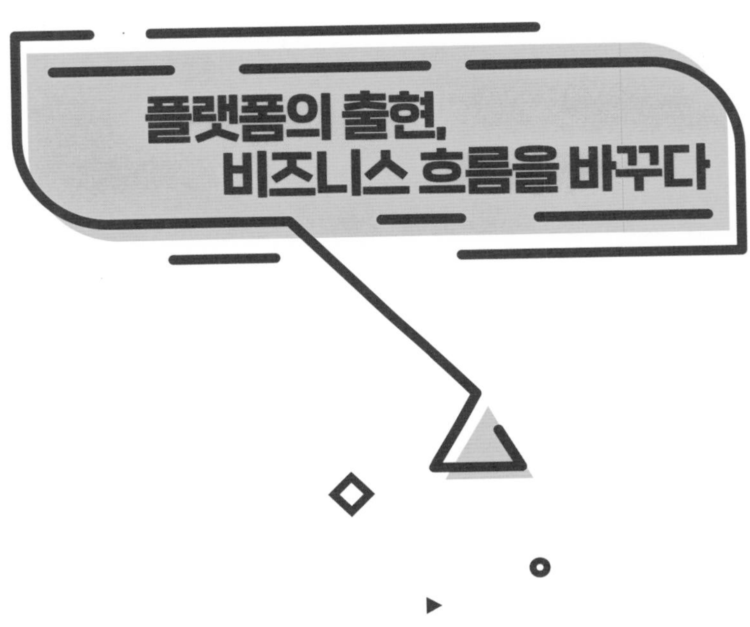

플랫폼의 출현, 비즈니스 흐름을 바꾸다

플랫폼(platform) 하면 기차에 타고 내리는 정거장이 먼저 떠오른다. 아티스트나 운동선수들의 무대를 뜻하기도 하는데, 최근에는 비즈니스 분야로 개념이 확대되었다. 플랫폼의 개념을 폭넓게 생각해보자면 생산자와 소비자가 만나 유무형의 무언가가 거래되고 유통되는 공간이다. 생산과 소비가 플랫폼에 있어서의 핵심적인 개념이기에 양면시장적인 성향을 지닌다. 영어로는 바이 사이드 셀 사이드(Buy Side Sell Side)라고 하는데, 소비자와 생산자가 있고 거기서 거래, 즉 트랜젝션(Transaction)이 일어나는 그 모든 것들을 플랫폼이라고 볼 수 있다.

복잡한 관계의 그물망 속에 놓인 플랫폼들

인터넷상에서의 플랫폼 개념으로 들어가면 중요한 건 콘텐츠다. 서비스 재화가 거래되듯 콘텐츠가 거래되는 곳이 플랫폼이다. 대표적인 콘텐츠 플랫폼에는 유튜브가 있다. 시장 참여가 굉장히 자유로운 플랫폼이다. 앱스토어나 플레이스토어 같은 앱 장터 역시 플랫폼 중 하나다.

그런데 이런 거대 플랫폼만 있는 것은 아니다. 안으로 더 들어가 보면 아프리카TV 같은 라이브 스트리밍 콘텐츠가 거래되는 플랫폼이 있다. 생산자들은 앱 스트리밍을 하고, 소비자들은 앱 스트리밍을 시청함으로써 코인이나 광고 시청으로 대가를 지불하는 플랫폼이다.

틱톡처럼 쇼트폼 콘텐츠를 올리고 그걸 소비하는 플랫폼, 인스타그램처럼 자신의 소셜 스테이터스(Social Status)를 올리고 그걸 소비하는 이들이 있는 플랫폼도 있다. 이 외에 페이스북, 트위터, 작은 이커머스 플랫폼 등도 양면시장적 속성을 지녔으며 거래가 일어나기만 한다면 모두 플랫폼이라 부를 수 있다.

그러나 산업 내에서 의미 있는 경제를 만들고 의미 있는 규모를 가졌으며, 전 국민의 인지도를 확보한 플랫폼에 한정시킨다면 범위는 조금 좁아진다. 좁은 범위로 보자면 수백만 유저가 있는 아프리카TV, 트위치, 유튜브, 구글 플레이스토어, 앱스토어 그 외에 11번가, 지마켓, 옥션 등의 커머스 플랫폼 정도가 플랫폼으로서의 지위를 갖는다.

그리고 '플랫폼의 플랫폼'들이 존재한다. 예를 들어 11번가 혹은 카카오톡은 굉장히 큰 플랫폼이다. 그런데 그 앱들이 얹혀지기 위한 큰 플랫폼이 필요하다. 구글 플레이스토어나 안드로이드를 들 수 있다. 이들은 플랫폼의 플랫폼이다. 아마존닷컴은 굉장히 큰 커머스 플랫폼인데, 아마존닷컴이 홀로 존재하는 게 아니라 인터넷이라는 플랫폼 위에 올라가 있다. 그래서 잘 생각해보면 인터넷은 인프라스트럭처(Infrastructure)인 동시에 웹사이트, 웹서비스라는 콘텐츠를 유통하는 하나의 플랫폼인 셈이다. 관점을 확장해서 보면 그렇다.

여기서 흥미로운 점을 발견할 수 있다. 플랫폼의 플랫폼, 즉 베이스가 되는 플랫폼의 규모나 인프라가 무조건 더 큰 건 아니라는 점이다. 즉 규모의 역전 현상이 일어나기도 한다. 아마존은 인터넷이라는 큰 바다 위에 올라와 있는 작은 커머스 플랫폼이었지만, 어느새 아마존이 미국 사회 전반을 반영할 정도로 굉장히 큰 커머스 플랫폼이 돼버렸다.

그렇다면 이런 질문을 할 수 있다. "아마존에 이렇게 많은 시장 참여자들이 존재하는데, 과연 아마존이 인터넷 위에 올라와 있는 그저 하나의 서비스 혹은 콘텐츠라고 볼 수 있을까?"

구글 플레이, 안드로이드 등도 마찬가지다. 인터넷 위에 올라와 있긴 하지만 세상의 수많은 서비스들이 유통되는 이곳을 단순히 인터넷 위에 올라와 있는 서비스 정도라고만 규정할 수 있느냐는 의문이 생긴다.

그런데 더 복잡한 문제가 있다. “구글 플레이가 커? 아니면 아마존이 커?” 만약 누군가 이런 질문을 한다면 또 애매해지는 지점이 있다. 아마존은 구글 플레이 위에 얹혀 있는 서비스고 구글 플레이를 통해 유통되고 있음이 분명하다. 하지만 아마존이 현실 세계에 미치는 영향력을 생각하면 크기나 영향력을 단순 비교하기 어려워진다. 이런 이유들로 플랫폼에 대한 개념들 사이에서 역전 현상이 일어나고 있다.

플랫폼은 광의의 정의와 협의의 정의를 동시에 갖고 있으며, 어디까지 플랫폼이고 어디부터는 플랫폼이 아닌가를 정의한다는 게 쉽지 않다. 다양한 플랫폼들이 서로 교차하고, 그들 간의 관계가 복잡 미묘하게 얽혀 상호 영향을 주고받기 때문이다. 이런 혼란을 조금 걷어내기 위해 미디어 콘텐츠적인 관점에서 범위를 좁혀 살펴보려 한다.

미디어 콘텐츠 관점에서 바라본 플랫폼

인터넷이 등장한 이래로 콘텐츠라는 걸 유통해온 플랫폼이 무엇이냐고 묻는다면 첫째, 월드와이드웹이 있다. 둘째, 모바일 플랫폼이 있고 거기에 애플과 안드로이드가 있다. 셋째, 유튜브다.

월드와이드웹의 엔드유저(End User) 관점에서 어떤 콘텐츠를 소비했는지를 생각해보자. 월드와이드웹 시절에는 그냥 웹사이트를 콘텐츠로 소비했다. 웹사이트에 올라온 글과 이미지, 동영상, 게임을 보고 즐겼다. 그런 것들을 인터넷 서비스, 웹사이트 등으로 부를 수 있고 웹 콘텐츠라 통칭할 수 있다. 즉 웹사이트라는 콘텐츠를 유통하는 거대한 플랫폼이 월드와이드웹이다.

그러다 아이폰과 안드로이드가 등장하면서 웹보다는 앱이 더 중요해졌다. 모바일 앱이라는 컨테이너로 콘텐츠들이 유통되기 시작했고, 모바일 플랫폼들이 크게 성장했다. 어떻게 보면 이제 모바일 플랫폼이 월드와이드웹 위에 올라와 있는지도 모른다. 개념적으로 생각해보면 웹사이트는 웹에서 소비하고, 모바일 앱은 모바일 플랫폼에서 소비한다. 그리고 모바일 플랫폼은 모바일 앱이라는 콘텐츠를 유통하는 굉장히 거대한 플랫폼이다.

모바일 앱으로 넘어오면서 더 인터랙티브(Interactive)한 콘텐츠나 서비스들이 많이 늘어났다. 대표적인 것이 게임이다. 물론 게임뿐만 아니라 페이스북, 인스타그램에서 텍스트와 이미지 콘텐츠도 굉장히 활성화됐지만 게임이야말로 모바일 앱 시대의 킬러 콘텐츠다. 어쨌든 텍스트와 이미지뿐만 아니라 게임과 같은 인터랙티브한 콘텐츠까지도 모바일 플랫폼에서 활발히 소비되고 유통되었다.

앞서 이야기했듯 동영상은 인터넷 플랫폼 위에서 소비가 활발하게 이루어지는 콘텐츠는 아니었다. 책이나 뉴스보다 훨씬 많이 소비하고 훨씬 오랜 시간 시청하는 콘텐츠임에도 불구하고 말이다. 월드와이드웹과는 전혀 다른 맥락의 플랫폼에서 소비가 되어온 특성 때문이다. 그러나 모바일 스크린의 등장이 이런 흐름을 완전히 바꾸어버렸다.

유튜브, 넷플릭스, 애플TV플러스, 디즈니플러스 등의 콘텐츠가 쏟아지면서 사람들의 관심은 지상파나 케이블방송에서 멀어지고 있다. TNMS의 조사에 따르면 2005년 20퍼센트에 달하던 지상파 3사의 미니 시리즈 평균 시청률은 급속히 하락했다. 2019년 상반기 미니 시리즈 시청률은 방송사별로 각각 6.9퍼센트(KBS2), 4.7퍼센트(MBC), 5.3퍼센트(SBS)였다. 최근 지상파 미니 시리즈의 경우 0퍼센트 대를 기록한 작품도 있다. 뉴스 시청률 역시 마찬가지다. 〈KBS 뉴스9〉의 평균 시청률은 2005년 연평균 18퍼센트에서 2019년 상반기 11.5퍼센트로 하락했다.

여기서 이탈한 이들이 동영상을 모바일 스크린으로 연결해 보는 쪽으로 넘어왔다. 이렇게 변화된 환경을 빠르게 접수해 생태계를 만든 선두주자가 유튜브다. 엔드유저 관점에서 보면 TV로 보던 영상을 이제 유튜브로 보는 것이다. 어쩌면 유튜브를 단순히 인터넷 서비스 혹은 동영상 플랫폼으로만 볼 수 없을지도 모른다. 이런 변화는 그보다 더 큰 현상일 수도 있다. 굉장히 견고하고 오래 지속될 수밖에 없는, 파운데이션이 분명한 현상 말이다.

포스트 유튜브는 무엇일까?

"유튜브라는 플랫폼이 언제까지 갈 것 같습니까?"

"포스트 유튜브는 무엇입니까?"

최근 이런 질문들을 많이 받는다. 하지만 "포스트 안드로이드는 무엇입니까?" 혹은 "포스트 인터넷은 무엇입니까?"라고 묻는 사람은 없다. 이것은 유튜브를 동영상 인터넷 서비스 혹은 콘텐츠 플랫폼 정도로만 인식하기 때문에 생기는 현상이다.

하지만 유튜브에 대한 나의 생각은 조금 다르다. 나는 유튜브를 콘텐츠 플랫폼을 넘어선 인프라스트럭처 플랫폼이라고 생각한다. 플랫폼 자체가 너무 커서 인프라와 구분하기 어려울 정도이기 때문이다. 물론 프리미엄 콘텐츠 같은 것들은 유튜브 외의 다른 공간들에서도 소비되겠지만 전체 소비 시간, 시청 시간, 콘텐츠의 다양성, 크기 등을 봤을 때는 유튜브가 압도적인 플랫폼이 될 가능성이 상당하다.

그러면 "동영상 서비스를 하는 넷플릭스나 디즈니플러스, 트위치나 아프리카TV 같은 플랫폼들의 가능성은 어떤가요?"라는 질문이 나올 수 있다. 물론 그들도 의미 있는 플랫폼들이지만 성장하기

〈한국인이 가장 많이 사용하는 동영상 앱〉

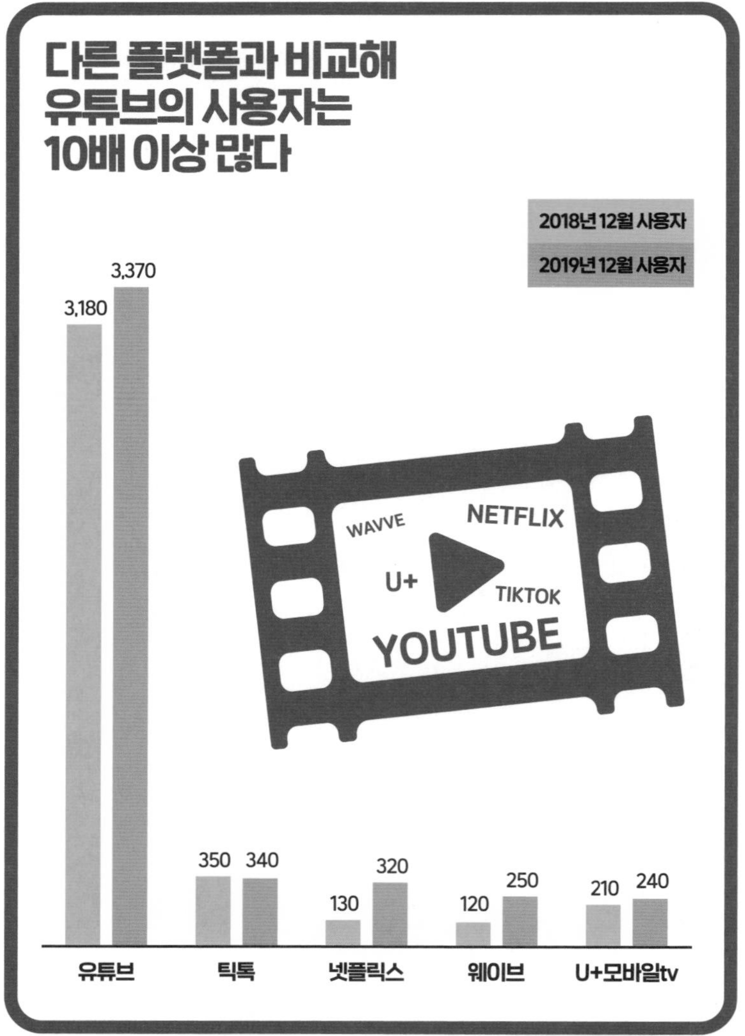

단위 | 만 명, 출처 | 와이즈앱

에는 다소 한계가 있어 보인다. 전 세계 게임 콘텐츠 사용 시간을 봐도 그렇다. 트위치 이용률이 유튜브보다 클 거라고 막연히 예상하지만 실제로 그렇지 않다. 전 세계의 90퍼센트가 유튜브에서 게임을 즐긴다.

그 이유는 유튜브가 갖고 있는 압도적 범용성 때문이다. 유튜브 VOD 콘텐츠가 갖고 있는 범용성은 아마존에 비유할 수 있다. 아마존이 있다고 해서 아마존에서만 쇼핑을 하지는 않는다. 각기 다른 특성을 지닌 쇼핑몰들이 있고 일부 제품은 그 쇼핑몰을 활용한다. 하지만 아마존이 지닌 범용성으로 인해 점점 통합되는 모습을 보이고 있다.

넷플릭스가 많이 성장했다고 하지만 유튜브와 비교하면 그 성장세는 미미하다. 유저 수만 보면 넷플릭스의 수치가 많이 올라갔을 수 있지만, 사용 시간으로 보면 여전히 유튜브가 압도적이다. 와이즈앱이 2019년 12월 조사한 바에 따르면 우리나라 사람이 가장 오래 사용하는 동영상 앱은 유튜브로, 2위인 넷플릭스와 사용 시간을 비교했을 때 38배가량 차이를 보였다고 한다. 우리나라 모바일에서 보는 OTT 서비스들인 웨이브, 티빙 등도 전체 사용 시간으로 보면 유튜브에 한참 뒤진다.

트위치 같은 경우 라이브 스트리밍만 놓고 보면 트위치가 우세해 보이지만 게임 콘텐츠라는 관점으로 VOD, 라이브를 합쳐서 보면 유튜브가 압도적이다. 동영상이라는 포맷을 소비하는 지배적이고 압도적인 플랫폼은 유튜브가 될 것이 분명하다. 물론 프리미엄 콘텐츠를 많이 보고 싶어하면 OTT 사용률이 더 올라갈 수도 있겠지만 그럼에도 무료, 범용성의 강점을 가진 유튜브를 이기는 것은 어려워 보인다. 역사적으로 인터넷에서 무료 서비스와 범용성이 주는 힘을 이긴 사례는 없기 때문이다.

다시 말해 어느 곳이 결국 사회 어젠다를 주도하는 미디어 플랫폼이 될 것이냐 묻는다면 내 대답은 유튜브다. 사용자, 사용 시간을 넘어 그 영향력이 점점 더 커지리라 예상한다.

생산자, 소비자, 광고주가 모두 윈윈하는 플랫폼

인터넷 모바일 시대의 디지털 콘텐츠 플랫폼들은 예전으로 치면 주파수 같은 역할을 하고 있다. 방송국에 대입해보면 콘텐츠가 유통될 수 있는 인프라를 깔아주는 역할을 하는 사업자들이다. 그 토대 위에 방송국이나 프로덕션들이 하던 역할을 크리에이터들이나 콘텐츠 공급자들이 하고 있다.

일각에서는 플랫폼의 시대라는 이야기들을 많이 하지만 본질적으로 파고들어가 보면 역시나 콘텐츠로 수렴된다. 미디어 환경과 플랫폼의 변화로 인해 오히려 콘텐츠를 가진 사람들의 지위가 더 부각되고 있음을 부정할 수 없다.

중간자들의 생략으로 더욱 커진 콘텐츠의 영향력

콘텐츠가 만들어지고 소비자들에게 전달되는 이 공급 사슬에서 콘텐츠 공급자들이 할 수 있는 선택지들은 다양해졌다. 중간 사업자들이 상당수 없어졌기 때문이다.

예전으로 치면 주파수도 있어야 하고 그 위에 케이블 SO(System Operator, 종합유선방송사업자)도 있어야 한다. 케이블을 보려면 셋톱박스도 필요하다. 누군가는 셋톱박스에 들어가는 프로그램을 디자인해야 하며, 큐레이션할 사람도 필요하다. 유튜브에서는 케이블도, 주파수도, 셋톱박스도 필요 없다. 이런 중간자들이 없어지고 플랫폼으로 통합돼버렸다. 중간 과정이 생략되면서 분산되어 있던 밸류체인의 끝 편에 있던 힘들이 한곳에 모이게 됐다.

이처럼 콘텐츠가 만들어져 사용자들에게 전달되는 과정에서 중간자들이 생략되었기 때문에 플랫폼은 예전 대비 영향력이 커질 수밖에 없다. 동시에 콘텐츠 공급자들의 역할도 중요해졌다. 콘텐츠 산업의 밸류 체인에서 중요한 역할을 하게 되면서, 원래 통치기관의 영역이었던 콘텐츠에 대한 심의까지도 플랫폼들이 개입을 하는 형국이다.

예를 들어 유튜브에서 최근 논란이 된 노란딱지만 해도 그렇다. 유튜브 생태계가 건강하게 돌아가기 위해서는 선순환이 일어나는 구조를 유지해야 한다. 단순하게 말해보자. 플랫폼 회사인 유튜브는 광고주들이 유튜브에 광고했을 때 그것이 더 좋아 보이도록 해 줄 의무를 갖고 있다. 그러니 광고주 브랜드에 친화적이지 않은 콘텐츠에 대해서는 광고가 덜 붙도록 할 수밖에 없다. 이것이 노란딱지의 진실이다. 단순히 유튜브의 갑질로만 볼 수 없는 문제다.

다른 말로 하면 노란딱지가 광고 가이드라인이라고도 할 수 있다. 이 콘텐츠가 광고주 브랜드에 있어서 친화적인가 혹은 친화적이라고 보기 어려운가를 판단하는 기준이다.

광고주에 따라 브랜드 보호에 대한 민감도가 높기도 하고 그렇지 않기도 하다. 그건 브랜드의 성격이나 그 브랜드의 고객층에 따라 달라진다. 그래서 노란딱지는 '가장 민감한 브랜드를 보호한다'는 측면에서 결정된다. 콘텐츠에 따라서 광고가 다 붙을 수 있는 것, 자연적으로 붙는 것, 절대 붙으면 안 되는 것을 구분해 유튜브는 선택지를 준다.

건강한 생태계로 시장을 활성화시키는 플랫폼

현재 플랫폼의 가장 중요한 역할은 양면시장적 성격을 지닌다는 점이다. 시장 참여자들과 소비자들이 활발히 참여하고 그 안에서 선순환이 잘 일어나게 하는 게 플랫폼이 성공하기 위해서 해야 할 가장 중요한 역할이다. 공급과 소비의 선택지에 제한이 있는 시대가 아니니 더욱 그렇다. 인프라의 한계든 기술의 한계든 혹은 정부의 심의 때문이든 규제 때문이든 과거에는 여러 가지 이유로 공급자 입장에서도 여러 제약이 있었고, 소비자 입장에서도 선택지의 제약이 많았다.

그런 제약에서 자유로워진 지금은 더 많은 시장 참여자들을 유입시키고, 더 많은 공급자들이 자유롭게 동기부여가 돼야 한다. 좋은 콘텐츠를 잘 만들 수 있는 터전을 형성해서 소비자들이 들어올 때마다 자신의 시간과 돈을 쓸 만한 좋은 콘텐츠들이 있음을 알게 할 필요가 있다.

그러려면 에코시스템(Ecosystem)을 만드는 것이 중요하다. 노란딱지 역시 그런 노력의 일환이다. 자본은 광고주에게서 나오니까 광고주가 안전한 플랫폼이라고 여기는 것은 매우 중요한 일이다. 이런 역학 관계를 고려해서 보자면 현대 유튜브의 주요 시장 참여자는 생산자, 소비자 그리고 광고주다.

유튜브가 대표적으로 그 선순환의 시스템을 가장 정교하게 만든 플랫폼이기 때문에 유튜브가 콘텐츠 플랫폼으로서 가장 압도적으로 성장할 수 있었다. 반대로 페이스북이 그런 면에서는 일을 제대로 하지 못했다. 시장 참여자라 할 수 있는 공급자들이 페이스북 내에서 콘텐츠를 유통했을 때 돈을 벌 방법이 마땅치가 않았다. 메이크어스 같은 경우도 페이스북 중심으로 성장했지만 지금은 유튜브로 옮겨와 성장을 하고 있다.

결국 개인이든 기업이든 콘텐츠를 중심으로 대가와 노력을 보상받을 수 있는 플랫폼을 만드는 것이 중요하다. 유튜브가 그 부분을 제대로 캐치했고 그 결과가 오늘날의 성장으로 나타난 것이다.

콘텐츠냐 플랫폼이냐, 미묘한 신경전

어떤 산업이든 분야 간의 경쟁, 알력 다툼, 견제가 있다. 가치, 힘, 규모, 영향력을 둘러싼 끊임없는 긴장 관계 속에서 경쟁하기도 하고 협력하기도 한다. 콘텐츠 생산과 유통이 유기적으로 맞물려 돌아가는 콘텐츠 산업에서는 어떨까?

콘텐츠와 플랫폼은 경쟁관계인가, 공생관계인가

플랫폼이 작을 땐 콘텐츠냐 플랫폼이냐를 두고 힘겨루기를 하거나 미묘한 신경전이 발생한다. 플랫폼 기업이 콘텐츠 생산까지 직접 하는 경우가 많기 때문이다. 작은 호수라면 물고기를 풀어놓는 게 의미가 있고, 가능하다면 내 호수에 물고기를 풀고 싶어 한다. 플랫폼들이 오리지널 콘텐츠를 만들려는 이유다.

하지만 유튜브처럼 규모가 큰 플랫폼이라면 이야기가 다르다. 유튜브는 바다와 같아서 드넓은 망망대해에 물고기 몇 마리 풀어봤자 아무런 의미가 없다. 표시도 나지 않을뿐더러 찾을 수도 없다. 그러니 애써 물고기를 푸는 대신 바닷물이 깨끗하게 잘 순환해서 물고기들이 알 낳고 잘 살게 하는 게 현명하다. 즉 콘텐츠 생산자의 파이를 빼앗거나 방해할 이유가 없다는 뜻이다.

플랫폼이 충분히 커지면 지배적인 콘텐츠 사업자도 없고, 플랫폼의 갑질도 의미가 없다. 콘텐츠를 잃는 순간 플랫폼도 본질을 잃기 때문이다. 콘텐츠가 확장될 수 있도록 시장 채널을 많이 늘리는 플랫폼의 본질적 역할이 확대되므로, 플랫폼은 절대로 콘텐츠를 가진 이들을 적으로 돌릴 이유가 없다.

반대로 콘텐츠를 가진 사람들이 힘을 합쳐서 갑질을 할 수 있을까? 그 역시 불가능하다. 시장 참여 자체가 자유롭기 때문에 그런 갑질은 다른 경쟁자들에 의해서 도태될 빌미만 만들어줄 뿐이다. 이처럼 콘텐츠와 플랫폼은 서로의 필요로 인해 절묘한 밸런스가 맞춰져 있다.

하지만 알력관계로 인한 문제들이 아주 없는 것은 아니다. 앞서 언급했듯 지상파방송국 연합체인 스마트미디어랩이 한동안 유튜브에서 방송 클립들을 빼버린 적이 있다. 하지만 잠깐 동안의 일이었고 곧 서비스를 다시 시작했다. 수요와 공급이 밸런스를 맞춰가며 서로 평형을 이루도록 하지 않으면 생태계가 붕괴되기 때문에 플랫폼 입장에서도 좋을 건 없다. 그런 일이 있었다고 해서 유튜브가 그들의 콘텐츠를 거부하거나 막는 일도 없다. 유튜브는 언제든지 그들을 환영할 준비가 되어 있고, 지금은 다시 유튜브에 방송 클립들을 제공하고 있다.

창의적 콘텐츠를 원한다면 자유시장경제에 몸을 맡겨라

균형이 깨지면 나비효과처럼 문제가 자신에게로 돌아온다. 페이스북이 그 예다. 그들은 콘텐츠 사업자들과 계속 문제가 있었다. 페이스북은 콘텐츠 사업자들에 대한 합당한 보상을 해주지 않았고, 저작권 보호에 대한 장치도 제대로 마련해주지 않았다. 그런 분위기에서 페이스북을 타깃으로 동영상을 열심히 만드는 사업자가 있을 리 없다. 결국 생태계는 붕괴되었다.

생태계가 유지되고 건강하게 순환하려면 이기적 경쟁심보다는 공생관계를 지켜나가는 것이 중요하다. 그 균형은 인위적인 전략과 시스템에 의해 만들어지기도 하지만 시장 자체가 갖고 있는 자정 능력이 작용하기도 한다.

플랫폼이 커지면 점점 중립적인 태도를 취하게 된다. 예를 들어 플랫폼업체가 직접 콘텐츠를 만들어서 서비스하는 것이 불가능해진다. 얘기했다시피 사용자들은 더 많은 콘텐츠를 원하고 더 다양한 콘텐츠를 원한다. 그들 각자의 욕구와 니즈에 맞게 자연적으로 창조되는 콘텐츠를 플랫폼 회사에서 만들어내기란 불가능하다. 물론 프리미엄 영역은 좀 다르다. 프리미엄 영역은 소비되는 콘텐츠의 양 자체가 제한적이기 때문에 오리지널 전략이 효과적일 수도 있다.

플랫폼의 규모에 따라서는 플랫폼과 콘텐츠 공급자들 사이의 관계가 겹치는 일들이 있다. 넷플릭스도 그렇다. 프리미엄 콘텐츠 시장은 아무리 크다 해도 유튜브처럼 너른 바다는 아니다. 유튜브가 모든 콘텐츠를 유통하는 오픈된 플랫폼이라고 한다면 넷플릭스는 엄선된 품질의 콘텐츠만 제공한다는 점에서 차이가 있다.

넷플릭스의 강점은 대중부터 소수자까지 섭렵할 수 있는 방대하고 촘촘한 콘텐츠다. 넷플릭스는 시장 참여자들을 모집하고 외부 콘텐츠를 들여오는 유통을 꾸준히 하지만, 넷플릭스 오리지널로 계속 드라이브를 걸려고 한다. 이는 작은 플랫폼과 작은 시장이기에 가능한 일이다.

넷플릭스는 전 세계 190개국 1억 8,300만 명의 유료 가입자를 자랑한다. 몰아보기라는 '빈지 뷰잉' 같은 시청 습관을 정착시켰고,

플랫폼을 넘어 콘텐츠 산업 강자로 자리 잡기 위해 움직이는 중이다. 와이즈앱의 조사에 따르면 국내에서도 최근 넷플릭스의 가입자 수가 늘어 유료 가입자는 272만 명(2020년 3월 기준)으로 추산된다.

콘텐츠 플랫폼이라는 것은 자유시장경제에 맡겨지는 게 가장 좋다고 생각한다. 그 과정에서 시장평형 상태가 이뤄지고 선순환 체계가 생성될 때 가장 뛰어난 창의력이 발현될 수 있다.

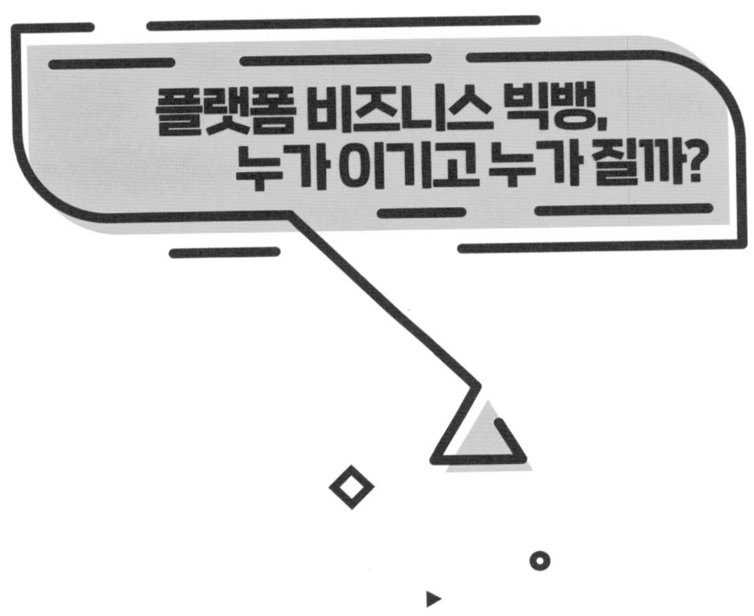

플랫폼 비즈니스 빅뱅, 누가 이기고 누가 질까?

게임이든, 방송이든, 영화든 형식은 관계없다. 어떻게 많은 사용자를 끌어와 그들의 시간을 비싸게 소비시키느냐가 IT 플랫폼 사업자들이 마주하고 있는 현실이자 과제다.

전 세계를 장악한 플랫폼 기업들

현재 전 세계적으로 사람들이 가장 많이 소비하는 콘텐츠 플랫폼은 OTT다. 영화, 드라마, 예능, 스포츠 등 많은 종류의 콘텐츠를 모두 담을 수 있어서다. 시장을 선도하는 주요 플랫폼 기업들에는 어떤 것들이 있는지 분야별로 살펴보자.

먼저 구글 진영이 있다. 유튜브 뒤에는 구글이 자리한다. 구글은 안드로이드, 구글 플레이 같은 모바일 플랫폼과 유튜브라는 큰 축이 있다. 유튜브 오리지널, 유튜브TV를 통해 OTT나 TV 영역으로 확장하려는 중인데, 아주 의미 있는 성과가 나오고 있지는 않다. 그다음으로 소셜계의 대부라고 할 수 있는 인스타그램, 페이스북 등이 있으며 페이스북은 메신저 플랫폼을 가지고 있다.

그리고 아마존 계열이 있다. 라이브 스트리밍 플랫폼인 트위치, 전 세계의 수많은 아마존 프라임 구독자들을 바탕으로 제공되는 아마존 프라임 비디오, 프리미엄 OTT 서비스다. 그리고 애플이 아이폰, 앱스토어, 애플TV플러스, 애플TV, 애플뮤직과 같은 아이폰 생태계를 중심으로 한 콘텐츠 플랫폼을 갖고 있다. 최근에는 프리미엄 OTT 서비스인 애플TV플러스가 가장 주목을 받는 중이다.

디즈니 계열도 빼놓을 수 없다. 훌루, 디즈니플러스, 그리고 디즈니가 가지고 있는 수많은 콘텐츠와 배급망이 이미 엄청난 파워를 자랑한다. 그리고 마이크로소프트 진영에는 엑스박스가 있다.

그 외에 중국 쪽의 플랫폼을 들 수 있다. 개방형 지식 플랫폼이 없는 중국은 온라인 쇼핑몰인 타오바오, 커뮤니케이션 플랫폼인 위챗, 메이투안 등 생활 밀착형 서비스에 집중되어 있었다. 뉴스 콘텐츠는 바이두, 텐센트, 토우탸오 등이 주로 제공하고 있고, 인터넷

상거래 영역에서는 알리바바와 징동(JD.com, 징동닷컴)이 주도하며 아마존을 넘보고 있다.

그러다 최근 몇 년 사이 텐센트나 바이두, 알리바바와 같은 전통적인 IT 기업들이 자체적인 동영상 서비스를 활용하기 시작했다. 최근에는 동영상 공유 사이트 비리비리(bilibili)도 급성장하며 눈길을 끌고 있다. 틱톡을 소유한 바이트댄스도 살펴볼 만하다. 틱톡은 우리나라 초등학생들도 사용할 정도로 인지도가 높다. 일시적이긴 했지만 2018년 9월에는 미국 앱스토어 월간 다운로드 수에서 유튜브, 페이스북, 인스타그램을 모두 제친 기록도 있다.

한국의 플랫폼 경쟁력, 이대로 괜찮을까?

한국 플랫폼 경쟁력은 동영상 분야에서 동력을 많이 잃었다. 유튜브의 파급력이 확산되면서 하락세를 보이고는 있지만 아직도 TV는 고정 시청자층을 보유하고 있다. 그리고 초고속인터넷망이 IPTV가 되면서 일부분 OTT 역할을 하고 있는 상황이다. 반면 모바일에서는 유튜브가 강력하다. 그러다 보니 한국의 OTT 영역은 여전히 약한 편이다.

그럼에도 넷플릭스나 왓챠플레이처럼 모바일을 기반으로 한 프리미엄 OTT 서비스들이 계속 성장하고 있는 점은 눈여겨볼 만하다. 우리나라도 조금씩 변화의 조짐이 보인다. 단, 오리지널 콘텐츠 확보에는 많은 어려움을 겪고 있다. 국내 토종 OTT들은 일단 해외 콘텐츠를 통해 생존을 모색하고 있는 실정이다.

라이브 분야로는 전 세계적으로 트위치가 압도적이다. 국내에서는 아프리카TV라는 토종계열이 잘 성장하고 있는데, 이 점이 흥미로운 부분이다. 그리고 버티컬 디테일로 들어가면 스노우와 같이 토종 국산 놀이앱 같은 것들도 있다.

최근 도전적으로 성장하고 있는 '아자르(Azar)'도 눈에 띈다. 국내 영상 기술 스타트업 하이퍼커넥트의 아자르가 만든 영상 메신저 '아자르'는 지난해 글로벌 애플리케이션 분석업체 앱애니가 발표한 '인도 앱 수익 순위'(게임 제외)에서 구글, 마이크로소프트 등을 제치고 4위를 차지했다. 스페인어로 '우연'을 뜻하는 아자르는 낯선 사람과 일대일 대화를 즐기는 스마트폰 앱이다. 최근 성장세가 두드러지며 중동에 이어 인도에서 돌풍을 일으키고 있다.

그리고 네이버나 카카오라는 우리나라 인터넷 양대 산맥이 앞으로 어떻게 해나갈 것인지가 중요하다. 네이버는 V앱, 스노우, 라인이라는 거대한 메신저를 가지고 있다. 네이버 안에서 소비되는 동영상도 상당하다. 유튜브에 비하면 규모가 매우 작지만 동영상 플랫폼들을 계속 키우고 있기 때문에 네이버가 앞으로 어떤 행보를 보일 것인지가 관전 포인트다.

마찬가지로 카카오는 카카오M, 다음도 TV팟이라는 서비스를 제

〈각 앱 및 연령대별 유튜브 사용 시간〉

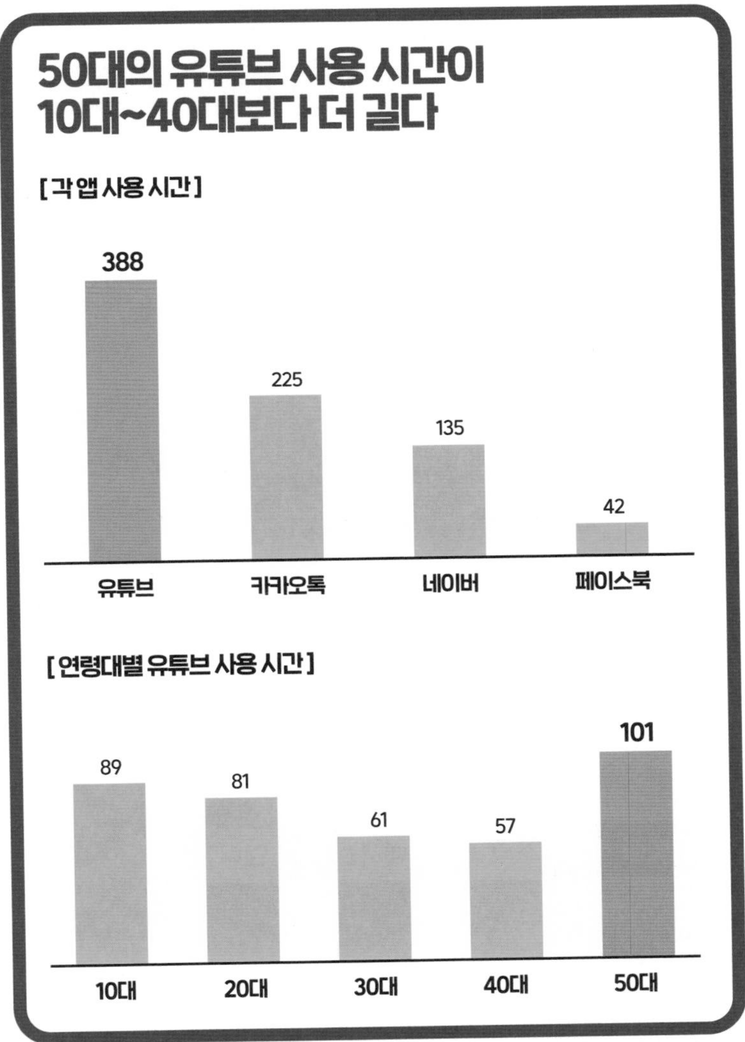

안드로이드폰 사용자 33,000명 대상, 단위 | 억 분, 출처 | 와이즈앱(2019년 4월 기준)

공하고 있다. 카카오M은 매니지먼트나 제작 쪽으로 많이 노력하는 중이다. 카카오는 메신저 기반으로 성장했지만 어쨌든 카카오앱 자체도 콘텐츠 미디어 플랫폼으로 변화하고 있다. 이런 단계에서는 역시 동영상이 중요할 수밖에 없는데, 어떤 전략으로 대응할지 자못 기대된다.

애플리케이션 분석업체 와이즈앱이 국내 안드로이드 스마트폰 사용자 3만 3,000명을 대상으로 조사한 결과 유튜브는 총 사용 시간이 388억 분(2019년 4월 기준)에 달해 모든 앱 중 사용자가 가장 오래 체류하는 것으로 나타났다. 카카오톡, 네이버, 페이스북이 그다음을 이었다. 유튜브 사용 시간은 2018년 4월 258억 분보다 50퍼센트나 늘었다. 연령대별로는 50대 이상이 101억 분으로 가장 많았다. 국내 MAU(월간 이용자 수)는 3,271만 명을 기록해, 카카오톡(3,580만 명)을 바짝 추격하고 있다. 한국 플랫폼들이 향후 어떤 도전을 하느냐에 따라 이 수치들은 또다시 달라질 것이다.

플랫폼 비즈니스의 최전선에서는 어떤 일이?

넷플릭스를 시작으로 애플, 월트디즈니 등 글로벌 OTT 사업자의 국내 진출이 가까워지고 있으며, 이에 맞서 국내 사업자들도 분주한 움직임을 보이는 중이다. 경쟁력 확보를 위해 다양한 차별화 요소로 OTT 시장에 새로운 물결이 만들어질 분위기다. 이처럼 OTT 시장이 국경 없는 전쟁으로 확대되고 있다.

유튜브가 전체 동영상 시장에서 어느 정도 지배력을 더 갖게 될 것인가? 현재로선 가장 중요한 포인트다. 사람들의 콘텐츠 소비 취향마저도 바꾸게 되는 아주 강력한 키드라이버이기 때문이다. 방송을 보다가 넷플릭스를 본다고 해서 갑자기 취향이 달라지지는 않는다. 프리미엄 쇼나 프리미엄 드라마를 본다는 정도로 소비 행태가 약간 달라질 뿐이다. 하지만 유튜브의 영향력은 다르다. 놀라운 지배력과 그로 인한 변화는 콘텐츠 소비 행태, 심지어는 사람들의 근본적인 관심사와 취향에도 영향을 미친다.

현재까지의 트렌드로 봤을 때 유튜브로의 이전이나 다채널 다매체 다취향으로 전이되는 속도는 굉장히 빠르다. 그리고 그 성장세는 더 가팔라질 것이다. 여기서 눈여겨봐야 할 것은 이런 흐름 속에서 프리미엄 콘텐츠를 만들던 기존 사업자들이 어떤 식으로 대응하느냐다.

개인적으로 유튜브는 프리미엄 콘텐츠로 전향하지 않고 지금처럼 범용적인 플랫폼을 유지할 것이라 예측한다. 기본적으로 엔터테인먼트 데스티네이션(Entertainment Destination)이라는 한 가지 목적을 갖고 있기 때문에 굳이 프리미엄으로 전환하지는 않을 것이다. 반면 프리미엄 콘텐츠에서의 지배적인 사업자가 되기 위한 OTT 간의 경쟁은 굉장히 치열해질 것으로 보인다. 서비스 자체로

〈OTT 플랫폼 전쟁〉

국내 합작법인
OTT서비스

WAVVE

지상파 3사와 SKT 합작법인
2019년 9월 18일 출범
K-콘텐츠 제작에
3,000억 투자
5G·AI 등 첨단 기술 활용

CJ ENM JTBC

CJ ENM과 JTBC 콘텐츠 결합
티빙(TVING) 서비스 기반
2020년 출시 예정

국내 진출하는
글로벌 OTT서비스

NETFLIX

국내 가입자 200만 명 돌파
디즈니와 결별 후 만화 출판사
밀라월드 인수

애플tv+

전 세계 애플 플랫폼 가입자
약 2,700만 명
오리지널 콘텐츠 제작 위해
10억 달러 투자

Disney+

서비스 공개와 함께 첫날
가입자 1,000만 명 돌파
픽사, 마블,
내셔널지오그래픽 등
선호도 높은 콘텐츠를 확보

출처 | 메조미디어

는 차별성이 없으니 오리지널을 핵심 경쟁요소로 보는 이들이 많다. 가격으로 차별화하지 않는 이상 이런 흐름은 크게 바뀌지 않을 것이다.

글로벌 프리미엄 OTT들의 전쟁 속에서 한국의 콘텐츠 사업자들은 어떤 준비를 하고 어떤 경쟁력을 쌓아야 할까? OTT 회사들의 치열한 경쟁이 우리에게도 기회가 될지 그저 스쳐가는 남의 이야기가 될지 자못 궁금하다.

모든 것이 중계되고, 누구라도 주인공이 된다

Chapter 5_ 유튜브라는 트루먼 쇼

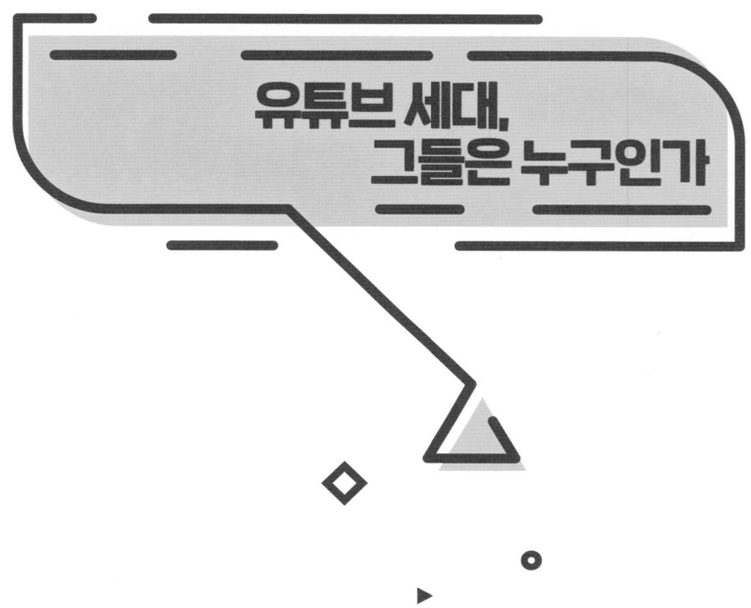

"밀레니얼 세대와 Z세대에 대한 분석 없이 사업에 뛰어드는 것은 상대의 전술도 모른 채 전쟁터에 나가는 것과 같다."

글로벌 컨설팅 기업 액센추어(Accenture)는 2017년 보고서를 통해 이렇게 단언했다. 특정 세대에 대한 이해가 기업의 성패를 좌우할 정도로 중요한 전략이라는 의미다. 베이비붐세대 이후 X세대, Y세대를 거쳐 밀레니얼세대와 오늘날의 Z세대에 이르기까지 특정 시대를 대표하는 세대의 성향과 특징은 그 시대를 읽는 가장 중요한 키워드다.

세대별 성향과 특징을 모르고 시대를 이해할 수 없다

X세대는 1970~1980년에 태어난 이들을 일컫는다. 경제적인 풍요로움을 누리며 각자의 개성을 드러내기 시작한 세대다. 당시 각종 매체에서는 워크맨을 들고 다니며 서태지와 아이들의 음악을 듣는 X세대의 라이프스타일을 앞다퉈 조명했다. 그들은 당시 대중문화의 꽃을 피운 세대다.

Y세대는 1981년부터 2000년대 초반 사이에 태어난 이들로 현재 20~39세의 청장년층을 일컫는데 Y세대보다는 '밀레니얼 세대'로 더 많이 불린다. 미국의 경우 밀레니얼 세대는 2020년 인구 대비 30퍼센트까지 증가하고 이들의 소비 규모는 연간 1조 5,000억 달러 규모로 전망된다. 한국 역시 전체 인구의 21.2퍼센트를 차지하는 밀레니얼 세대는 탁월한 정보 생산과 확산 능력으로 최강의 소비 권력으로 부상했다.

밀레니얼 세대 다음으로 주목해야 할 세대가 바로 Z세대다. 이들은 2000년도 전후에 태어난 X세대의 자녀들로, 가장 큰 특징은 2005년 출범한 유튜브와 함께 자라 '유튜브 세대'로도 불린다는 점이다. TV나 PC와 같은 전통 미디어보다는 스마트폰을 활용한 디지털 미디어를 선호하고, 글보다는 이미지와 동영상 콘텐츠에 익숙하다.

세대를 구분하는 기준은 무엇일까? 새로운 세대가 이전 세대와 사회 경제 구조적으로 얼마나 차별성이 있느냐를 바탕으로 구분된다. 구분된다는 것은 결국 앞 세대로부터 영향을 받지만 전혀 새로운 특성을 드러낸다는 의미다. 큰 차이가 없다면 그렇게 구분해서 부를 이유가 없다. 요즘 새로운 세대로 주목받는 Z세대도 마찬가지다.

세대가 구분되는 이유는 근본적으로 사회가 점점 더 선진화되고 경제가 발전하면서 우리 삶 전반에 걸쳐 소비 성향이 달라지고 있기 때문이다. 특징적인 사건이나 사회적 현상도 요인 중 하나일 텐데 개인적으로는 '미디어 콘텐츠 소비'의 변화가 중요한 이유라고 생각한다. 미디어 콘텐츠 소비 시간이 점점 더 증가하면서 그 영향력도 가속화되고 있고, 이로 인해 성장 과정에서 가족이나 친구, 학교, 사회집단으로부터 받는 영향 못지않게 콘텐츠로부터 받는 영향이 커지고 있기 때문이다.

유튜브 세대, 그들이 궁금하다

그런 면에서 Z세대라고 불리는 세대가 등장한 시기와 모바일 혁명이 일어난 시기가 맞아떨어진다고 볼 수 있다. 모바일 혁명은 과연 이들에게 어떤 영향을 주었을까? 가장 먼저 커뮤니케이션이 훨씬 더 수월해졌다. 전통 미디어에서 탈피해 디지털기기를 활용하는 소셜미디어로 각종 콘텐츠를 생산하고 소비하는 이들은 커뮤니케이션 방식도 확연한 차이를 보인다. 이들은 개인화된 미디어에 자신의 취향을 반영해서 자기 뜻대로 소비한다.

예전에는 TV 앞에 둘러 앉아 가족 모두가 동일한 콘텐츠를 소비했다. 아버지가 9시 뉴스를 보면 같이 뉴스를 보고, 엄마가 주말 드라마를 보면 딸들도 같이 드라마를 봤다. 윗세대를 중심으로 만들어진 콘텐츠를 자녀 세대들이 같이 보면서 영향을 받아 취향도 전승됐다. 아버지가 축구를 좋아하면 아이도 축구를 좋아하고, 부모가 좋아하는 예능에 나온 연예인을 아이들도 익숙해하는 식이다.

나 역시 마찬가지다. 어릴 때 부모님과 함께 TV를 공유하면서 아버지가 야구를 좋아했기에 나도 야구를 좋아하게 됐다. 또 함께 즐기던 예능 프로그램에 등장했던 유재석, 강호동을 지금도 친숙하게 느낀다.

하지만 Z세대는 완전한 콘텐츠 선택권을 갖고 소비하기 때문에 콘텐츠의 취향이 부모로부터 전승되지 않는다. 그들은 나름의 확고한 취향을 갖고 자신만의 생각과 생활 방식을 고수한다. 물론 아직 성장 과정에 있는 세대라서 사회·문화적 혹은 경제적으로 당장 직접적인 영향을 끼칠 수 있는 집단은 아니다. 하지만 이 세대들이 사회에 어떤 영향력을 가지고 있는지에 대해서는 반드시 이해해야 한다.

나는 Z세대를 '유튜브 세대'로 바꿔 말하고 싶다. 이들이 가장 많이 사용하는 소셜미디어는 단연 '유튜브'다. 정보의 홍수 속에서 모바일기기를 활용해 자신에게 필요한 정보를 효율적으로 찾아내고, 시간과 공간을 초월해 자신의 취향에 맞는 콘텐츠를 골라 즐기는 놀이터, 그것이 바로 유튜브다. 구글의 트렌드 보고서에 따르면, Z세대 10명 중 7명은 셀럽보다 유튜브 크리에이터를 더 선호하고, 10명 중 6명은 유튜브 크리에이터가 자신의 소비에 영향을 미친다고 답했다.

밀레니얼 세대에 대한 이해에 이어 이들 유튜브 세대를 파악하는 일은 요즘 기업들의 가장 큰 숙제다. 지금도 그렇지만 미래에는 이들을 이해하고 각자의 방식으로 끌어당기는 것이 기업 성패에 있어 더욱 중요한 과제가 될 것이다.

각기 다른 취향과 다양성이 지배하는 세상의 주인공

유튜브 세대의 가장 큰 특징은 취향이 굉장히 다양하다는 점이다. 또래집단끼리 비슷한 취향을 공유하던 이전 세대와는 달리 각자의 개성과 니즈에 따라 다양한 취향을 갖고 콘텐츠를 소비하고 있다.

실제 사용자 조사에서도 이를 확인할 수 있다. 예전에는 특정 연령대는 대부분 '뽀로로'를 좋아했다. 하지만 요즘엔 또래집단끼리 공유하는 뭔가가 있긴 하지만 그 강도는 아주 약하다. 때문에 예전에는 특정 세대를 꿰뚫는 메가 IP가 존재했으나 요즘엔 잘 등장하지 않는다.

뿐만 아니라 유튜브 세대는 이전 세대와 구별되는 전혀 다른 취향을 갖고 있다. 대표적으로 아이돌 스타를 좋아하는 방식도 다르다. 예전에는 공중파의 방송 프로그램을 통해 만나는 소수 아이돌 스타의 팬이 되었다면, 오늘날은 확고한 개성을 가진 나만의 스타를 찾아 그들의 팬이 된다. 이것이 HOT, GOD처럼 한 세대를 완전히 꿰뚫는 빅 스타보다는 개성을 가진 다양한 스타들이 등장하는 이유다.

물론 BTS처럼 글로벌한 인기로 국제적인 팬덤을 가지고 있는 스타도 있지만, 몇몇 스타가 파워풀한 영향력을 갖고 팬덤을 독점하는 현상은 확실히 사라지고 있다. 또한 절대적으로 한 팀만을 응원하지도 않는다. 나의 취향과 개성에 맞다면 여러 아이돌을 동시에 좋아하기도 한다.

이러한 현상은 일방적이고 수동적으로 콘텐츠를 받아들이지 않는 유튜브 세대의 특징 때문이다. 재미있고 흥미로운 콘텐츠를 스스로 검색하고 찾아내 자기만의 팬덤을 만들어나간다. 이들은 각기 다른 취향만큼이나 각기 다른 이유와 포인트로 팬이 되고, 각기 다른 방식으로 이른바 덕질을 즐긴다.

유튜브 세대, 스스로 생산자가 되다

유튜브 세대의 또 다른 특징은 스스로 콘텐츠의 생산자가 되어 적극적이고 창의적으로 자신을 표현한다는 점이다. 한국인은 전반적으로 자기표현에 서툴고, 창의적인 행동에 대해 '좀 튄다'는 부정적인 반응을 보이곤 한다. 이전 세대에서는 자기표현에 능하고 개성이 강하면 특이한 사람 취급을 받았지만, 요즘 세대는 그 재능을 적극 활용해 문화의 생산자 역할을 한다.

자신을 주제로 콘텐츠를 만드는 것에 익숙하고 거리낌이 없으며, 그것을 다양한 소셜미디어를 통해 불특정 다수에게 전파하고 보여주는 데도 능하다. 게다가 스마트폰이라는 편리한 저작 도구가 있으니 콘텐츠 생산은 더 이상 전문가의 영역이 아니다.

이들은 다양한 플랫폼을 활용해 자신의 창의성과 메이커스로서의 재능을 인정받는 법을 일찍 깨달은 세대다. 이전 세대가 수렴적인 사고방식이나 학습 등을 중요한 가치로 생각했다면, 지금 세대는 남들과 다른 것을 찾아 즐기고 그것을 중요한 가치라고 생각한다. 어른들이 주입식으로 '넌 창의적이어야 돼!'라고 강요해서가 아니다. 스스로 창의적인 무언가를 해내고 그것이 자신과 세상에 쓰임이 있다는 것을 깨달았기에 그것을 따르는 것이다.

유튜브 세대는 이 때문에 크리에이터를 꿈꾸거나, 소셜미디어에 자신을 솔직하게 드러내거나, 틱톡 같은 서비스를 통해 끼를 보여주는 등의 행위를 적극적으로 한다. 그들의 이러한 차별성은 우리 사회 전반에 다양한 영향을 미치고 있다. 우선 소비 활동에 영향을 미친다. 유행이나 브랜드의 유명세에 집착하는 게 아니라 본인의 개성이나 취향을 좀 더 보여주는 방식의 소비를 추구한다. 놀이문화도 자신의 취향이 반영된 놀이와 경험을 중심으로 소비한다.

기업들은 이러한 변화를 어떻게 활용할지 고심할 수밖에 없다. 디지털 엔터테인먼트, 디지털 미디어 기업 역시 마찬가지다. 콘텐츠의 소비자이자 생산자인 유튜브 세대의 소통 방법과 문화적 특징을 이해하지 못한다면 시장을 선도하기 어렵다.

모든 세대가 맛보고 즐기는 유튜브 세상

우리나라 사람들이 가장 오래 사용하는 앱은 무엇일까? 언뜻 국민 메신저 카카오톡을 떠올리겠지만, 아니다. 바로 유튜브다. 최근 와이즈앱이 발표한 자료에 따르면, 유튜브는 10대부터 50대 이상까지 모든 세대에서 가장 오래 사용한 앱으로 집계됐다(2018년 11월 기준). 이제는 전 세대가 유튜브를 통해 세상과 만나고 있는 셈이다.

그런데 주목할 만한 점이 한 가지 있다. 바로 50대 이상의 유튜브 총 사용 시간이 10대를 앞섰다는 점이다. 세대별로 선호하는 콘텐츠, 활용법, 참여도 등은 각기 다르다. 하지만 소셜미디어 세상에

〈유튜브 이용 연령대별 분포〉

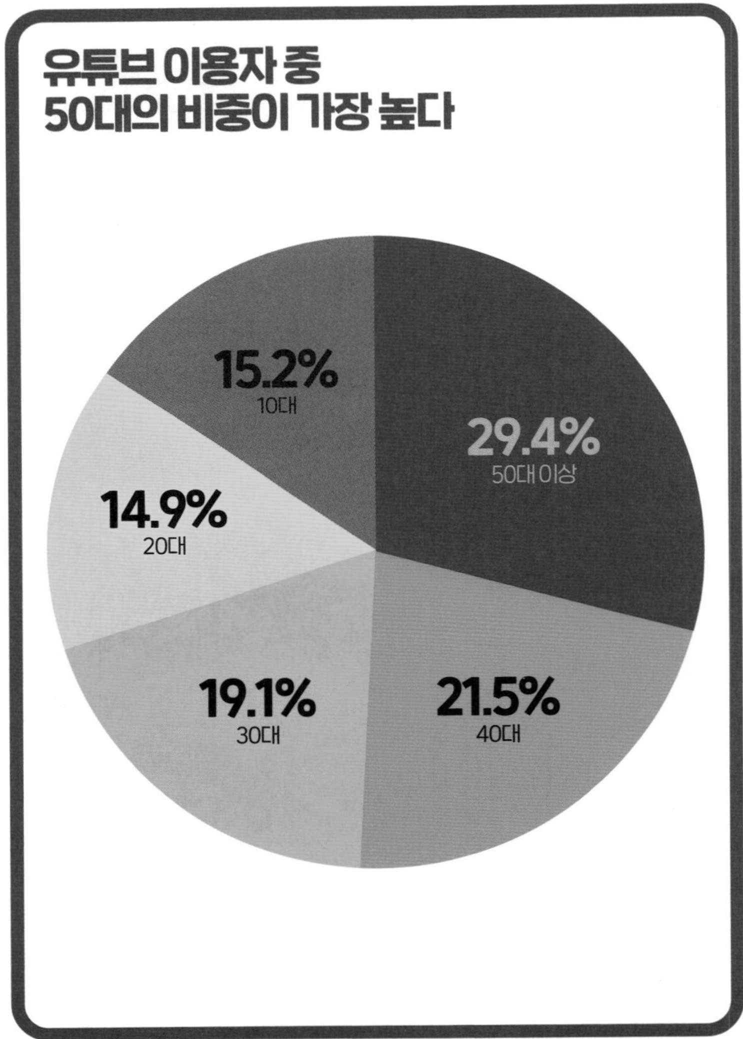

안드로이드폰 사용자 3,122만 명 대상, 출처 | 와이즈앱(2018년 11월 1일~30일 기준)

서 소외된 계층이라고 치부되던 50대 이상의 인구가 유튜브에 빠져 있다는 것은 주목할 만한 변화다. 이러한 세대별 유튜브 사용자의 특성을 이해하는 것은 플랫폼 시장의 이해를 넘어서 세상을 읽는 통찰을 키우는 방법이다.

10대의 교실이자 놀이터인 유튜브

10대는 문자보다 영상에 익숙하다. 궁금한 것이 생기면 포털 사이트의 키워드 검색이 아닌 유튜브의 영상 검색을 통해 빠른 속도로 정보를 흡수한다. '10대는 유튜브에서 무엇을 찾아보는 걸까?'라는 질문은 무의미하다. 유튜브를 통해 일상의 모든 것을 찾아 배우고 즐긴다고 해도 과언이 아니기 때문이다.

'How to' 영상의 인기도 이유가 있다. 10대는 한창 호기심도 많고 궁금한 게 많은데 직접 경험해서 깨달을 수 있는 건 너무나 한정적이다. 친구들에게 물어본들 경험치가 비슷해서 제대로 된 답을 얻을 수 없고, 선생님과 부모님에게 물어보긴 꺼려진다. 10대에게 유튜브는 자신의 궁금증을 완전히 해소하고 원하는 것을 맘껏 배우고 즐길 수 있는 최고의 놀이터인 셈이다.

앞서 언급했듯이 몇몇 통계에서는 50대가 10대의 사용 시간을 앞질렀다고 하지만, 유튜브 활용 측면에서는 10대가 압도적인 우위에 있다. 10대는 학업 등으로 인해 유튜브 사용 시간이 한정적이고 여러 가지 제한을 받는다. 그럼에도 유튜브를 통해 가장 다양한 콘텐츠를 소비하는 것은 물론이고, 보급률과 콘텐츠 충성도도 높다.

그들에게 영상은 라이프스타일 자체라 할 수 있다. 특별한 의미가 없는 일상의 사소한 행위도 영상으로 제작해 서로 공유함으로써 커뮤니티를 만들어간다. 영상을 찍고 편집해서 공유하고 공감하는 것은 너무나 자연스러운 일이다. 그 과정에서 저마다 취향의 포트폴리오를 만들어나가며 크리에이터로서의 잠재력을 키워간다. 10대들이 선망하는 인기 직업이 크리에이터인 만큼 그들은 콘텐츠 소비자이자 전도유망한 제작자이기도 하다.

유튜브 세상의 새로운 주인공 50대

얼마 전 제주도로 가는 비행기 안에서 5060세대의 유튜브 열독률을 실감했다. 옆자리에 앉았던 60대 어르신 한 분이 스마트폰 사용을 멈춰 달라는 승무원의 요청에 굴하지 않고 계속 유튜브를 보고 계셨다. 그분은 이후 비행기가 착륙할 무렵이 되니까 급히 스마트폰을 켜서는 다시 유튜브에 몰입했다. 실제로 50대는 유튜브 시청자 중 10대 다음으로 주목할 만한 세대다. 이미 50대의 유튜브 사용 시간은 10대를 앞질렀다.

〈50대 이상의 유튜브 사용 현황〉

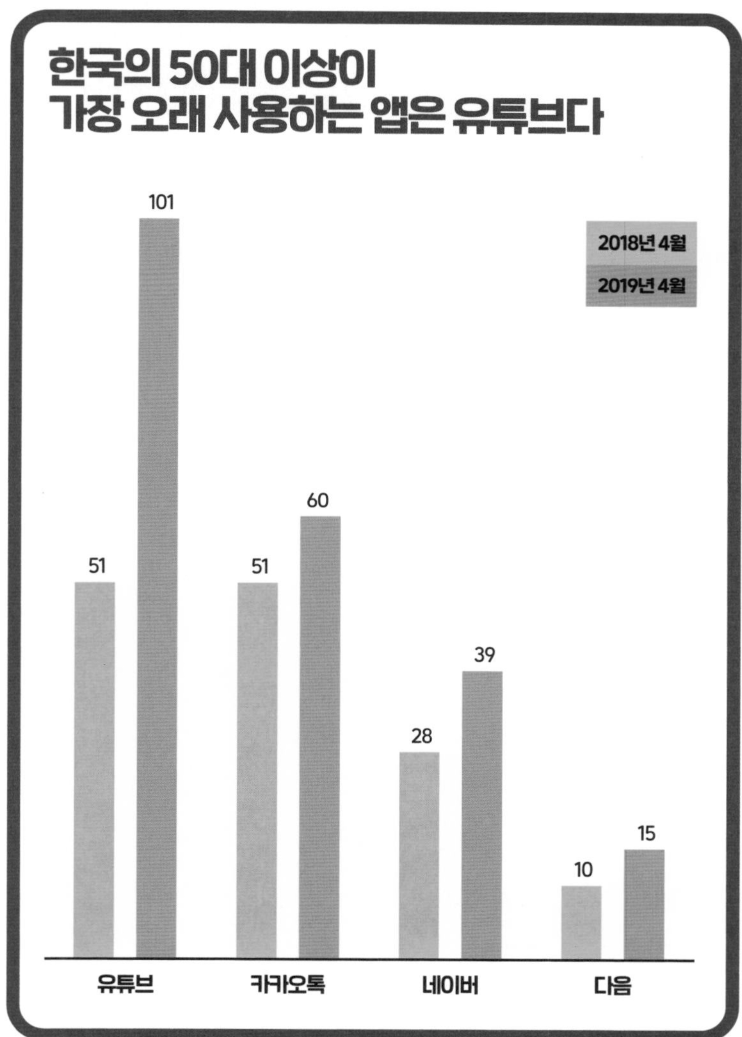

안드로이드폰 사용자 33,000명 대상, 단위 | 억 분, 출처 | 와이즈앱(2018년 3월 1일~31일 기준)

50대의 유튜브 사용 시간이 폭발적으로 증가한 이유는 재테크와 부동산, 정치 분야의 콘텐츠가 확대되었기 때문이다. 특히 정치와 사회 이슈를 다루는 채널 중에는 보수 성향의 1인 미디어가 높은 조회 수를 기록하고 있다.

이런 현상은 박근혜 대통령의 탄핵 정국 이후, 기존 언론 매체의 정치 뉴스에서 이탈한 보수 성향 5060세대가 유튜브로 옮겨가면서 더욱 뚜렷해졌다. 진보 진영 콘텐츠도 상당히 많이 등장했다. 이처럼 각자의 의견을 제시하는 콘텐츠들이 서로 경쟁하듯 쏟아져나오는 과정에서 5060세대의 유입도 자연스럽게 늘어났다. 탄핵 시위 때는 유튜브를 통한 자유로운 라이브 스트리밍으로 시위 현장 콘텐츠도 많이 만들어졌다.

50대에게 정치 콘텐츠는 일종의 엔터테인먼트로 받아들여졌다. 《삼국지》를 읽으며 정세, 인물 간의 관계, 정치 싸움 등에 흥미를 느끼듯이 우리나라의 정치 현안을 다룬 콘텐츠를 엔터테인먼트로 소비한다. 이는 유튜브에서 50대의 유입이 늘어난 근간이다. 정치 콘텐츠를 보기 위해 들어왔는데 그들의 연령과 관심사를 파악한 유튜브가 여러 가지 콘텐츠를 추천해주고 흥미를 느낄 만한 다양한 콘텐츠를 자동으로 업로드해주니 당연히 자주 들여다볼 수밖에 없다. 기존 방송 매체에는 본인의 관심사를 만족시킬 만한 콘텐츠가 거의 없었던 반면, 유튜브에서는 끊임없이 관심 콘텐츠가 제공되니 머무는 시간이 많아지는 게 당연하다.

특히 중장년층은 소득이 높기 때문에 그들을 타깃으로 한 콘텐츠는 광고 단가도 높다. 제작자 입장에서는 굉장히 큰 수입원이다. 10대를 타깃으로 하는 콘텐츠가 뷰는 많아도 조회 수에 따른 수익이 떨어지는 편인데 반해, 50대 이상을 타깃으로 하는 콘텐츠는 높은 수익이 보장되다 보니 매력적이다. 당연히 더욱 다양한 채널이 생겨난다. 최근에는 정치를 넘어 뷰티, 강연, 음악 등의 콘텐츠로 영역을 확대하고 있다.

나아가 조만간 50대 유튜브 구독자와 제작자가 동영상 플랫폼의 주류로 자리 잡을 수 있다는 전망도 조심스레 나오고 있다. 이렇게 된다면 플랫폼 시장 역시 콘텐츠와 광고 전반에 걸쳐 새로운 패러다임의 전환이 이루어질 수도 있다.

유튜브 시장의 트렌드 메이커스 2030세대

20대 초반은 10대와 별반 차이가 없다. 대개 10대부터 유튜브 등의 디지털 미디어를 많이 소비해온 세대이다 보니 유튜브 문화에 대한 수용도가 아주 높다. 하지만 태어남과 동시에 '유튜브 세대'라고 할 수 있는 10대와는 다르다.

이들은 유튜브 자체가 익숙하고 일상적으로 사용하고 있긴 하지만 10대처럼 유튜브 크리에이터를 연예인처럼 좋아하는 등의 콘텐츠 충성도가 높지는 않다. 이들에게는 TV의 예능 프로그램 〈아는 형님〉이 프라이머리 콘텐츠이고, 유튜브는 보조 콘텐츠에 해당한다.

20대 후반부터 30대까지의 세대는 부모 세대와 함께 콘텐츠를 보고 자랐으므로 어느 정도 전승된 취향을 갖고 있다. 이들은 가장 적극적으로 소비와 생산 활동을 하는 정력적인 세대로, 당연히 이들을 잡기 위한 기업과 전통 미디어의 경쟁은 치열하다. 10대에 비해서는 유튜브 충성도가 낮지만 워낙 파워풀한 세대라서 유튜브에서도 유행을 주도해나가고 있다.

예를 들어서 펭수, 워크맨처럼 유튜브에서 크게 성장한 메가 IP들은 2030세대의 지지를 많이 받았다. 이 세대는 10대보다는 동질감이 강하고 40대 이상의 세대보다는 수렴도가 높다. 그러면서 산업과 문화 전반의 유행을 주도하고, 자신이 좋아하는 것이 있으면 과감히 소비할 수 있는 경제력도 갖고 있다. 여러 면에서 콘텐츠 미디어의 생태계에서는 가장 파워풀한 세대다.

이 세대의 관심사는 '선진국형' 관심사라 할 수 있다. 사회생활을 하고 있지만 4050세대와는 다른 라이프스타일을 갖고 있다. 직업에 대한 생각과 업무 방식 역시 다르다. 노동 시간도 이전 세대보다 다소 줄어들었고, 노동과 자아실현에 대한 인식도 다르다. 직장에서 악착같이 일하는 것으로 자아실현을 하려던 이전 세대와 달리 이들은 자신의 라이프스타일에 맞는 여가나 취미 생활 또는 재테크 등의 투자 생활을 통해 자아실현을 하려는 욕구가 강하다.

이 세대가 주도하고 있는 문화 현상 중 하나가 요즘 '소셜 살롱'이라 불리는 취미 혹은 자기계발과 관련된 소규모 모임이다. 유튜브 내에서의 취향과 세부 관심사 중심의 콘텐츠도 대부분 이들이 주도하고 있다. 뷰티, 베이킹, 휘트니스, 격투기 등 다양한 관심사를 중심으로 콘텐츠를 제작하는 유튜버들이 많아진 이유도 여기에 있다. 최근에는 명상 콘텐츠도 화제다. 극심한 경쟁에 시달리는 2030세대는 '이너피스'도 유튜브를 통해 실현한다.

이처럼 다양한 관심사와 경제력을 가진 밀레니얼 세대를 향한 기업들의 러브콜은 대단하다. 디지털 미디어업계 역시 10대 못지않게 이들의 행보에 촉각을 세울 수밖에 없다.

유튜브 시장에서 어디로 튈지 모르는 40대

"도티 팬 미팅은 언제 하나요?" 우리 회사에는 이런 문의전화가 자주 온다. 초등학생이 전화하는 걸까? 아니다. 주로 40대들이 도티와 급식왕, 겜브링 관련한 프로모션 등을 문의한다.

40대는 유튜브도 자녀들이 좋아하는 콘텐츠 위주로 경험하는 경우가 많다. 도티나 급식왕, 겜브링은 알아도 1020세대가 좋아하는 크리에이터에 대해서는 잘 모른다. 그래서 유튜브 시장에서도 존재감이 적은 편이다. 육아와 생계 등 현실적인 문제에 가장 큰 부담을 느끼고 있는 세대라서 2030세대에 비해 세상의 변화에 대해 상대적으로 관심이 적다.

유튜브 시장에서의 비중은 적지만, 40대는 대한민국 경제는 물론이고 기업 내에서도 중추 역할을 하는 중요한 세대다. 그만큼 업무와 생계에 대한 부담이 크다. 그러다 보니 소셜미디어를 통해 사적인 즐거움을 얻거나 자아실현을 하는 시간이 절대적으로 적다. 그들은 자신의 삶 속에서 가장 필요하고 적합한 콘텐츠만을 골라 최소한으로 소비하는 경향이 짙다.

하지만 최근에는 부동산과 주식 등 재테크 관련 콘텐츠와 교육, 정치, 건강 등의 콘텐츠에 40대 유입이 늘어나고 있다. 이들은 다른 세대에 비해 유튜브 구독 시간은 적지만 몰입력이 남다른 세대이다. 출판 시장에 40대가 큰손으로 등장한 것처럼 유튜브에서도 이들의 움직임을 주시할 필요가 있다.

유튜브가 만들어낸 변화, 지금까지는 예고편이었다

2020년 초 스마트폰업계에서 가장 주목 받은 행사는 갤럭시 S20의 론칭이었다. 하지만 코로나19가 급속도로 확산되자 오프라인 행사는 진행 자체가 불가능해졌다. KT의 선택은 행사를 미루는 대신 크리에이터 엔조이커플과 유튜브 생중계로 론칭 행사를 여는 것이었다. KT가 유튜브를 통해 론칭 행사를 한 것은 이번이 처음으로, 반응은 매우 뜨거웠다. 50여 분간의 생중계 동안 4,000여 명이 동시 접속할 정도로 열기가 대단했다. 관계자 측은 오프라인 행사보다 훨씬 더 홍보 효과가 있었고, 소비자들 역시 갤럭시 S20에 대한 궁금증을 제대로 해소했다는 설문 의견을 냈다.

2006년 〈타임〉이 선정한 '올해의 발명품'이었던 유튜브는 이제 엔터테인먼트의 기능을 넘어섰다. 기업들이 가장 주력하는 광고 매체로, 사활을 건 제품을 고객에게 가장 먼저 소개하는 플랫폼으로 기능하고 있다. 또한 태어나자마자 유튜브로 세상과 만나는 어린 아이와 10대들에서 중장년층까지 전 세대가 가장 많이 머물며 즐기고 배우는 대표 미디어가 되었다.

물론 모든 면에서 긍정적이기만 한 것은 아니다. 유튜브의 급성장 이면에는 우려할 만한 현상들도 많다. 편협하고 선정적이며 자극적인 콘텐츠도 유통되고 있으며, 일부 상업적 콘텐츠들이 일으키는 논란 역시 간과할 일은 아니다. 하지만 규제만이 해결책은 아니다. 규제를 넘어서 자정 능력을 통해 극복해나가도록 해야 한다. 유튜브를 비롯한 디지털 미디어를 부정적 시선으로 보기만 해서는 세상의 변화에 대응할 수 없다. 유튜브는 이미 우리 삶에 깊숙이 들어와 있고 많은 부분을 바꿔놓았다.

유튜브의 선한 영향력

지난 3월, 코로나19로 온 국민이 고통받고 있을 때 사회 각계각층의 봉사와 기부 릴레이가 펼쳐졌다. 그런데 이번엔 그 양상이 조금 달랐다. 유튜브를 통한 기부 릴레이가 끝없이 이어진 것이다. 유병재를 비롯한 수많은 크리에이터들의 기부 릴레이가 이어졌고, 일반인들의 기부 사례도 유튜브로 공개되었다.

이는 유튜브의 '선한 영향력'을 보여주는 일례다. 단시간 내에 시의적절한 콘텐츠를 만들어 사회 전반에 큰 영향을 미치는 매체의 특성을 긍정적으로 활용한 것이다. 일방적인 정보 전달이 아닌 상호영향을 미치는 미디어로서, 사회가 콘텐츠에 콘텐츠가 사회에 영향을 미치고 있음을 알 수 있다.

유튜브는 기술 개발에도 지대한 영향을 미친다. 4차 산업 혁명이 우리 삶 속으로 깊이 들어와 있지만 우리가 그것을 실감하기는 어렵다. 기술이 세상을 바꾸고 있다지만 사람들은 기술이 아닌, 그것을 활용한 콘텐츠를 통해 변화를 체감한다. 좋은 콘텐츠와 결합되지 못하는 기술은 대중들에게 큰 의미가 없다.

유튜브가 세상에 미치는 선한 영향력이란 바로 이런 것이다. 정치와 기술은 강력한 힘을 갖고 있지만 그것이 우리 삶을 직접적으로 바꾸려면 좋은 콘텐츠의 힘을 빌릴 수밖에 없다. 그 콘텐츠에 날개를 달아주는 것이 바로 유튜브다.

모든 것을 표현하고 모든 것을 수용하는 다양성

이제는 남녀노소 가리지 않고 유튜브를 본다. 전 세대가 유튜브 구독자가 됨으로써 달라진 것은 모든 영역에 걸쳐 '다양성'이 확대되었다는 점이다. 사회 구성원들은 사고방식과 라이프스타일 등 삶 전반에 변화를 경험하고 있다.

그중 주목할 만한 변화는 사람들의 소비 형태다. 패션 분야에서는 어느 순간부터 중고가 브랜드들이 무너지고 있다. 가령 빈폴, 해지스 등은 어느 백화점에서든 볼 수 있는 국내 대표 브랜드다. 하지만 이제는 이들보다 남다른 브랜드 스토리를 갖고 있거나, 소비자들의 세부적이고 다양한 취향을 만족시키는 인디브랜드들이 각광받고 있다. 심지어는 '브랜드리스(brandless)'한 제품들도 새롭게 부상 중이다. 물론 초고가 명품 브랜드의 가치는 변하지 않았다. 문제는 대중적 유행을 반영하는 브랜드들의 쇠퇴다.

지금은 의식주 전반에 걸쳐 유행이나 대중성이 가진 힘 자체가 많이 떨어졌다. 이는 콘텐츠 다양성의 영향으로 인한 결과다. 콘텐츠가 다양해지면서 개인의 취향도 명확하게 달라졌다. 이에 따라 소비하는 콘텐츠의 공통분모가 작아지고 있다. 예능 프로그램을 예로 들면, 예전에는 거의 모든 사람들이 토요일 저녁에 〈무한도전〉을 보고 친구, 동료들과 그 뒷이야기를 나누었다. 하지만 이제는 그런 경향이 점점 옅어지고 있다.

'다르다'는 것은 더 이상 뭔가 이상하고 튀는 것이 아니다. 당연히 존중받아야 하는 것으로 인식됨으로써 사고방식과 라이프스타일 나아가 사회문화와 경제 전반의 패러다임을 바꾸고 있다. 콘텐츠가 우리 삶에 영향을 미친 것 이상으로, 우리 사회가 콘텐츠에 미친 영향도 크다. 상호 영향을 주고받고 있기에 그에 따른 변화가 더욱 의미 있다.

세상에 한 번도 등장하지 않은 미래를 가져다줄 유튜브

세상의 장벽은 이미 많이 허물어졌고 우리는 서로 연결되어 있다. 이로써 수많은 가능성도 열렸다. 가능성은 스스로 발견해내야 하고, 이를 위해서는 많은 것을 보고 느끼면서 견문을 넓혀야 한다. 오늘날 유튜브가 그 역할을 담당하고 있다. 사람들은 유튜브를 통해서 수많은 정보를 받아들이고 대리 경험하면서 직접 시도할 용기를 얻는다.

실버 크리에이터 박막례 할머니는 2019년 유튜브와 출판 시장을 휩쓸면서 단연 스타로 떠올랐다. 그녀는 손녀와 함께 도전한 유튜브를 통해 치매 위험 진단을 받은 72세 할머니가 아닌, 대중 스타로 센세이션을 일으켰다. 모델로 데뷔해 화보를 찍었고, 급기야 유튜브 CEO 수잔 보이치키(Susan Wojcicki)는 "한국에 할머니를 만나러 왔다!"는 인사를 건네며 그녀를 따듯하게 안아주었다. 박막례 할머니의 도전은 수많은 이들에게 영감과 용기를 주었고 유튜브는 그녀에게 도전의 기회를 제공했다.

무한한 가능성의 플랫폼 유튜브는 세상과 인생을 바꿀 뿐 아니라 일상도 바꾸고 있다. 인생을 즐기는 다양한 방법을 찾을 수 있기 때문이다. 가령 스킨스쿠버를 해보고 싶다면 과거에는 자세한 정보를 얻을 곳이 없으니까 생각만 하고 포기하는 경우가 많았다. 하지만 요즘은 유튜브를 통해 스킨스쿠버의 A부터 Z까지 세세히 알 수 있다. 이런 디테일한 정보를 접하면 실행에 옮길 가능성도 커진다. 또한 유튜브 동영상을 보면서 평소에 전혀 생각하지 않았던 새로운 욕구를 발견하고 도전해볼 수도 있다. 이로써 콘텐츠 소비자가 아닌 생산자가 될 수도 있다.

유튜브 최고비즈니스책임자(CBO) 로버트 킨슬(Robert Kyncl)은 '유튜브의 미래는 세상에 아직 한 번도 등장하지 않은 그 무엇'이라고 말했다. 그런데 '그 무엇'이 더 나은 삶을 위한 무한한 가능성을 제공하는 것이 되기 위해서는 좋은 콘텐츠가 제공되어야 한다. 그것은 유튜브가 여는 세상과 우리의 목표이기도 하다.

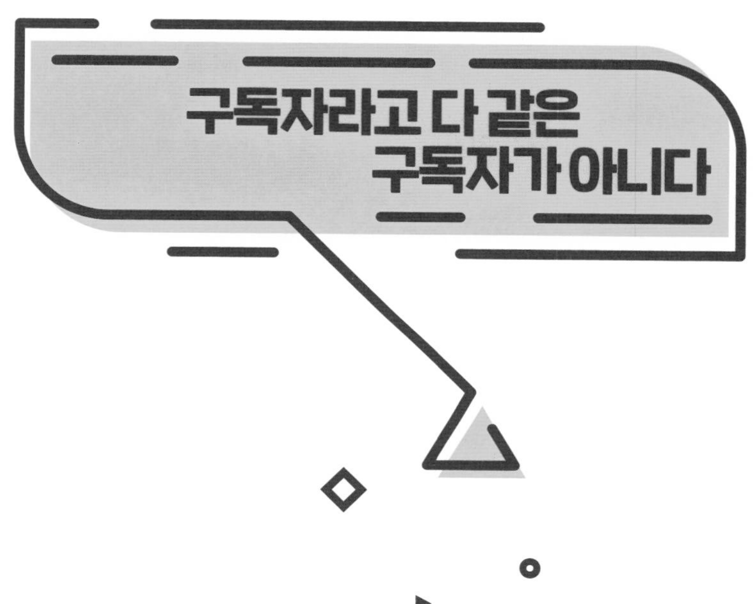

구독자라고 다 같은 구독자가 아니다

아무리 콘텐츠가 좋아도 구독자가 몰리지 않는다면 고민이다. 하지만 많은 수의 구독자가 몰리기만 하면 어떤 콘텐츠든 괜찮은 걸까? 가짜 뉴스로 사람들을 현혹하는 정치 채널도 있고, 자극적인 콘텐츠로 일시적인 관심을 유도하는 채널도 많다. 자극적이고 논란의 여지가 많아 어그로(Aggro, 관심을 끌거나 분란을 일으키기 위해 인터넷 게시판에 자극적인 내용의 글을 올리는 행위)를 끈다 해도, 일단 구독자 수를 늘리기만 하면 되는 걸까?

이때 주의할 것이 있다. 구독자라고 해서 다 같은 구독자가 아니라는 점이다. 그렇게 몰려든 구독자들은 채널 성장에 도움을 주는 팬으로 남기 어렵다. 파도처럼 밀려왔다 금세 사라져버리기 일쑤다. 또 구독자를 늘리겠다고 어그로 끄는 데만 신경 쓰다 보면 좋은 이미지의 채널이 되기 어렵다. 채널이 성장하면서 의미 있는 지표를 만들기 위해서는 내 채널과 콘텐츠를 좋아해주고 꾸준히 시청해주는 고정 구독자를 늘려야 한다. 나아가 다양한 세그먼트를 형성해 균형 잡힌 구독자를 보유할 수 있다면 더할 나위 없이 좋다.

구독자 수의 함정에 빠지지 말 것

유튜브에서는 구독자를 4가지 세그먼트로 정의했는데 그 유형은 브이아이피(VIP), 팬(Fan), 비지터(Visitor), 고스트(Ghost)다. 이들 구독자 각각에 대해 자세히 살펴보면 다음과 같다.

- **브이아이피 :** 진정으로 열렬한 팬덤이다. 구독, 좋아요, 알람 설정은 기본이고 꾸준히 댓글을 달며 활동한다. 그 채널을 자기만 즐기는 게 아니라 주변 사람들에게도 널리 홍보하며 일명 영업에 열정적이다.
- **팬 :** 브이아이피만큼 열렬하진 않지만 콘텐츠를 챙겨보는 시청자 층이다. 새로운 콘텐츠가 업데이트되었는지 정기적으로 들어와서 확인하고, 능동적으로 콘텐츠를 소비해준다.

- **비지터** : 구독은 하지만 적극으로 살피지는 않는다. 가끔 자기 피드에 올라오는 걸 보고, 그중에서 재미있어 보이는 것만 골라서 시청한다.
- **고스트** : 구독은 하고 있지만 영상은 거의 보지 않는 상태로, 굳이 구독 취소까지는 하지 않는다.

브이아이피, 팬 등의 구독자가 많을수록 채널 성장성이나 광고, 브랜드 스폰서십 효과가 좋다. 브랜드라는 것은 자신이 표현하고자 하는 메시지를 설득력 있게 전달할 때 효과적인데, 브랜드에 매력을 느끼는 사람이 많다는 건 그만큼 가치 있다는 뜻이다. "이 브랜드 좋아. 이 브랜드 매력적이야. 이 브랜드 한번 경험해보지 않을래?" 이런 메시지에 설득될 준비가 되어 있는 사람들이 브이아이피들이며, 그들이 많을수록 채널은 흥행한다.

구독자 수가 같아도 위 4가지 유형의 비율이 어떻게 구성되어 있는지에 따라서 크리에이터의 매체력과 영향력은 달라진다. 구독자 수뿐만 아니라 평균 조회 수를 함께 봐야 하는 이유다.

대체로 인게이지먼트(Engagement, 구독자의 참여도)가 높고 성장성이 좋은 채널들은 브이아이피나 팬 비중이 크다. 인게이지먼트가 좋다는 얘기는 그 채널의 콘텐츠나 인물이 좋아서 보는 사람들이 많은 경우다. 인물 중심의 유튜브가 대표적이다.

반면 성장세는 무척 빠른데 인게이지먼트가 그다지 높지 않은 채널들이 있다. 물론 나쁜 것은 아니다. 이런 채널들은 그 채널이나 인물, 즉 IP가 좋아서라기보다 콘텐츠가 재미있어서 보는 경우다. 시간 때우기 좋아서일 수도 있고, 편안해서일 수도 있고, 보다 보니 정이 들어서일 수도 있다. 참여도나 애정도의 밀도는 떨어지지만 대신 대중적으로 퍼지는 속도는 오히려 빠르다.

쉽게 얻은 구독자는 쉽게 잃는다

대체로 인물이 부각되거나 코어한 취향 중심으로 갈수록 인게이지먼트가 높아진다. 반면 인물보다 대중적인 취향에 맞는 스토리나 내러티브, 소재가 중심이 되면 인게이지먼트는 낮아진다. 성향과 색채가 다를 뿐 좋고 나쁘고를 논할 수는 없다. 한쪽은 도달률이 떨어지는 대신 인게이지먼트가 높으니까 그 나름대로 광고 효과가 있다. 다른 한쪽은 설득이라는 인게이지먼트 측면에서는 조금 약하지만 도달률이 높고 폭넓으니 더 많은 사람들에게 알려지는 강점이 있다.

채널의 성격은 운영자의 마케팅 목적에 따라서도 달라진다. '나는 일단 많이 알리는 게 좋아.', '나는 좀 덜 알려져도 좋으니까 이 브랜드 메시지에 집중할 수 있는 사람들을 원해.' 채널이 성장하는 중이라면 둘 다 가치 있는 채널이라고 할 수 있다.

반면에 성장이 멈추었거나 죽어가는 채널인데 구독자는 계속 유지되거나 조금씩 늘어나는 경우라면 고스트가 많은 편이다. 구독자는 100만 명이 넘는데 영상 평균 조회 수가 4~5만, 많아야 10만 정도에 그치는 채널들이 그렇다.

여기엔 여러 가지 이유가 있다. 먼저 화제성 때문에 구독자가 급격히 늘어나는 경우로, 구독자 대부분이 팬으로 남지 않고 금세 고스트가 된다. 쉽게 얻은 구독자는 그만큼 인게이지먼트도 떨어진다. 해당 채널, 콘텐츠, 인물을 좋아해서 구독하기보다는 그저 궁금해서 들어왔기 때문이다. 궁금증이 해소되고 나면 다시 올 일이 없다.

모 유튜브 채널은 먹방으로 인기를 끌기 시작하며 많은 구독자가 몰려들었는데, 결국 화제성에 이끌려 유입된 구독자를 잡지 못했다. 콘텐츠가 계속 동어반복을 하며 발전하지 않았고 크리에이터의 매력도 제대로 보여주지 못했다. 기획력, 노력, 진정성, 매력 모든 부분에서 부족했다. 게다가 시청자들이 콘텐츠가 동어반복되고 있음을 지적하자 심지어 그들과 싸우는 등 안 좋은 모습을 보이며 악순환을 거듭했다. 이런 경우 당연히 인물에 대한 매력은 더욱 떨어질 수밖에 없다.

그런데 놀라운 것은 이런 상황에서도 구독자는 잘 줄어들지 않는다는 점이다. 그들은 굳이 구독해지라는 행동을 하지 않는데, 그 또한 에너지가 필요한 일이기 때문이다. 그래서 나는 '구독자의 함정'에 빠지지 말란 이야기를 많이 한다. 구독자의 수가 중요한 게 아니라 채널의 성향, 성장세, 인게이지먼트 등 세부적인 지표들을 보는 게 중요하다. 최근 영상들의 평균 조회 수, '좋아요'나 댓글이 달리는 빈도, 댓글 창의 분위기 등 영상당 인게이지먼트를 자세히 들여다보며 통계를 내보면 채널에 대해 더 잘 알 수 있게 된다.

구독자 구성은 왜 매체력에 영향을 미칠까?

구독자 구성에 따라 매체력도 달라진다. 매체력은 폭풍성장형, 안정성장형, 현상유지형으로 구분한다. 폭풍성장형 채널은 구독자 수에 비해 영상당 조회 수가 더 높은데, 브이아이피와 팬에 속하는 구독자가 상당 부분을 차지한다. 안정성장형 채널은 구독자 수와 영상당 조회 수가 거의 비슷하다. 팬이 가장 많은 비중을 차지하고, 브이아이피, 비지터, 고스트가 골고루 포진해 있다. 현상유지형 채널은 구독자 수에 비해 영상당 조회 수가 많이 떨어지며 고스트의 비중이 매우 크다.

크리에이터와 광고 콜라보를 하고자 할 때는 채널의 매체력에 따라 협업 지점이 달라진다. 폭풍성장형 채널의 경우 브랜딩, 바이럴 등에는 유리하지만 구독자의 충성도가 약해 구매로의 전환 등에는 불리하다. 반면 현상유지형 채널은 충성도가 높아 구매로의 전환은 좋은 편이지만, 브랜딩이나 바이럴 등에는 약할 수 있다.

〈구독자 구성에 따라 달라지는 매체력〉

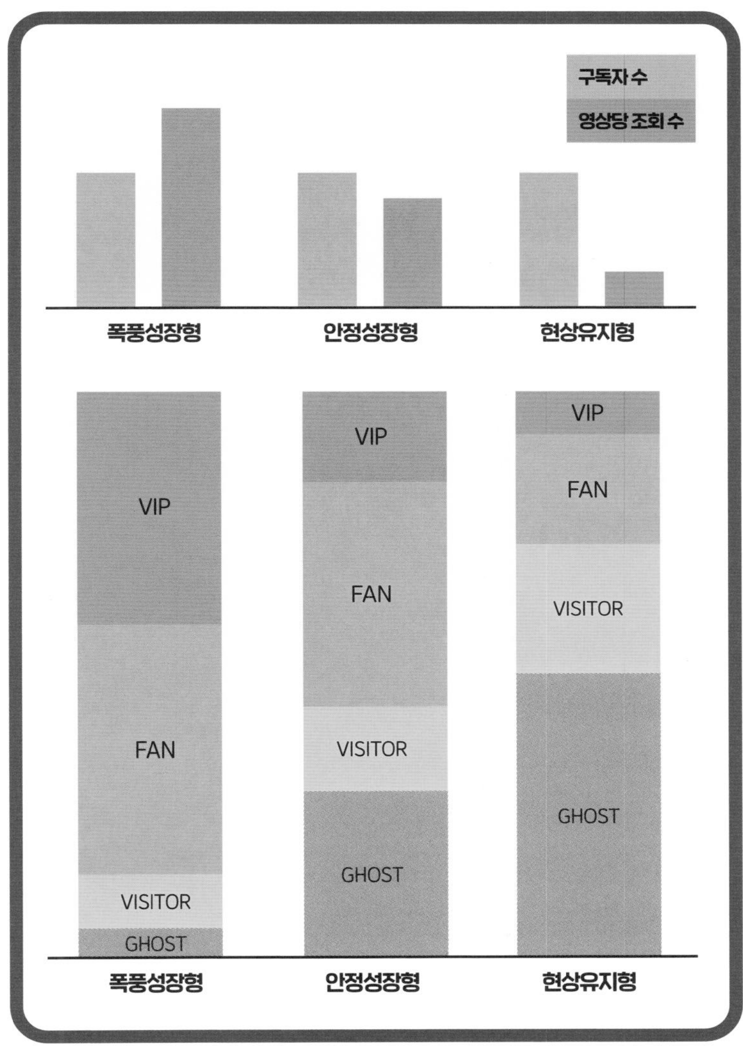

출처 | 샌드박스네트워크

샌드박스네트워크는 광고주들과 일할 때 더 쫀쫀하고 깊이 있는 플래닝을 해준다. 구독자가 많은 크리에이터를 무작정 연결시켜주는 게 아니라 서로 최고의 시너지가 날 수 있는 조합을 찾으려 애쓴다. 광고주의 콘텐츠 마케팅 목적을 공유하고, 그에 맞는 성향과 지표를 가진 크리에이터를 연결하는 것이다. 채널마다 주요하게 공략하고픈 타깃, 캐릭터, 내러티브 스타일이 있는데 그런 포맷과 일치하는 브랜드와 광고를 기획한다면 서로에게 윈윈이다.

유튜브 마케팅, 스며들까? 드러낼까?

요즘은 기업들이 광고하는 방식이 예전과 사뭇 다르다. 가장 큰 차이라면 지배적인 미디어가 존재하지 않는다는 점이다. 예전에는 프라임 타임 대에 TV를 틀면 광고가 나왔고, 전 국민이 그 광고를 봤다. 굳이 다른 매체에 광고를 집행할 필요를 못 느끼는 경우도 많았다. 대기업들은 TV에 기본 광고를 내보내고, 남은 예산을 쪼개서 인터넷과 주요 포털에 광고를 했다. 그러고도 여유가 되면 유튜브에도 광고를 집행했다. 지금은 상황이 사뭇 다르다. 큰 브랜드들은 디지털과 전통 4대 매체를 균형 있게 가져가는 추세다.

TV 광고의 시대는 저물어간다

TV 광고가 줄어드는 것은 어쩌면 당연한 수순이다. 평균 시청률이 5퍼센트도 안 나오는 상황에서 거기 올인하는 게 의미가 없기 때문이다. TV에서 방송 시작 전과 중간에 삽입되는 형태로 15초, 길게는 30초짜리 스팟 광고를 보여주고 콘텐츠를 공짜로 보여주는 시대는 점점 저물어간다. 이제는 TV뿐 아니라 인스타그램, 페이스북 같은 소셜미디어, 유튜브나 네이버, 카카오톡 같은 포털이나 플랫폼 등에 골고루 광고를 해야만 하는 시대다.

TV는 현재 시청자가 장년층 중심이다 보니 문제들이 생겨난다. 장년층은 소비율이 적고, 젊은 층을 아예 잡을 수가 없다. 그럼에도 여전히 TV 광고를 놓지 않는 이유는 무엇일까? TV가 갖고 있는 가장 큰 장점은 다양성이 적다는 점이다. 다시 말해 특정 세대가 몰리는 프로그램이나 시간대를 공략하기 쉽다는 뜻이다. 결국 동질적인 집단에 영향을 주기 쉽다. 하지만 그 비중은 점점 줄어들 것이다.

메리츠증권 리서치센터에서 발표한 〈2020 전망 보고서〉에 따르면 2020년 국내 총 광고비 규모는 약 12조 4,000억 원으로 예상된다. 이중 약 40퍼센트를 PC와 모바일 등 디지털 광고가 차지할 전망이다. 특히 모바일 광고비 규모가 2016년 대비 2배 가까운 높은 성장세를 보이며 전체 광고 시장의 성장을 견인했다. 2016년 디지털 광고 비중이 30.9퍼센트였던 것과 비교하면 빠른 속도로 비중이

〈국내 광고시장 규모 추이 및 전망〉

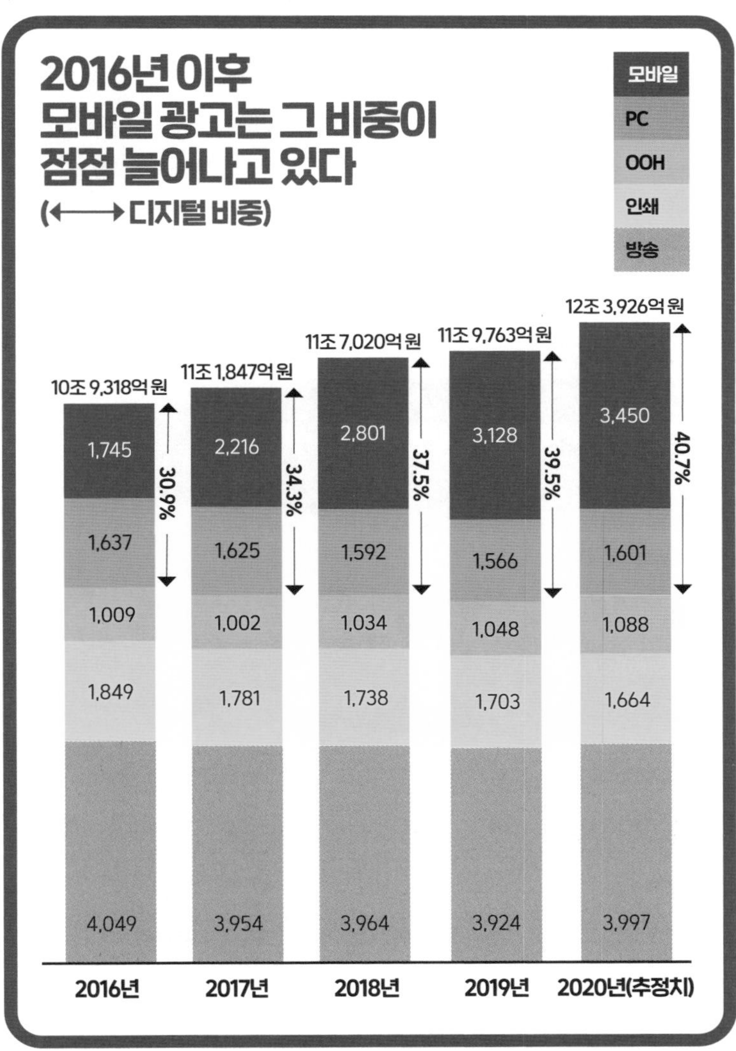

단위 | 억 원, 출처 | 제일기획, 메리츠증권 리서치센터, 〈2020 전망 보고서〉

〈2020년 채널별 글로벌 광고비 전망〉

대부분의 디지털 채널에서는 광고비 증가율이 점점 커지고 있다

대폭 증가
증가
유지
감소

84% 13% 3%
Online Video

70% 24% 6%
Social network

54% 34% 12%
Advanced TV

52% 34% 14%
Online display

16% 46% 38%
Traditional TV

16% 49% 35%
Radio

8% 25% 66%
Newspapers

출처 | KANTAR, 〈미디어 바로보기 2019년 보고서〉

늘어나고 있다.

〈미디어 바로보기 2019년 보고서〉의 '2020년 채널별 글로벌 광고비 전망'에 따르면, 전통 매체의 경우 광고비는 유지 혹은 감소할 전망인 데 반해 디지털 채널의 광고비는 증가가 예상된다. 수치를 살펴보면 온라인 동영상은 84퍼센트, 소셜네트워크는 70퍼센트, 프리미엄 TV는 54퍼센트, 온라인 디스플레이는 52퍼센트 수준으로 광고비가 증가할 전망이다.

인플루언서 마케팅에 쏟아지는 관심

최근 많은 브랜드들이 인플루언서 마케팅, 유튜브 채널을 이용한 마케팅에 관심을 갖고 있다. 브랜드 메시지를 호의적으로 수용할 수 있는 맥락이 필요한데, 다양한 맥락의 호감을 갖고 있는 인플루언서를 활용하는 것이 훨씬 빠르고 효과적이기 때문이다. 브랜드의 이미지와 크리에이터 혹은 채널이 가진 페르소나가 일치한다면 타깃이 불분명한 매스미디어 광고에 비해 훨씬 더 큰 효과를 볼 수 있다.

[5가지 콘텍스트와 포맷]

인플루언서, 그중에서도 크리에이터를 통한 광고나 마케팅 활동에서 주요한 콘텍스트(Context)는 크게 5가지로 나뉜다. 존재 자체에 기반한 호감, 연기력에 기반한 몰입, 연관성에 기반한 관심, 스토리에 기반한 재미, 전문성에 기반한 신뢰다. 이것을 바탕으로 광고 메시지가 잘 전달되는 맥락을 만들기 위해 그에 적합한 포맷을 정하고, 거기 어울리는 크리에이터를 찾는 것이 이상적이다.

브랜드 매칭력이 좋은 크리에이터를 찾았다면 그들과 만들 수 있는 광고 포맷은 크게 5가지로 귀결된다. 라이브/브이로그 PPL, 체험/상황극, 하울/리뷰, 애니메이션, 광고소재. 샌드박스네트워크의 크리에이터 선바 채널을 통해 '요기요'에서 쓸 수 있는 선바 쿠폰 프로모션을 홍보한 적이 있다. 영상 업로드 후 3일 동안 '요기요'를 통한 맥도날드 주문량이 5배 이상 증가했다. 브랜드 매칭력이 좋았던 사례다.

[크리에이터와 유튜브가 만날 때 일어나는 광고 시너지]

크리에이터들과의 마케팅에 관심이 쏟아지는 데는 유튜브의 성장세가 큰 몫을 했다. 유튜브 사용 시간은 날이 갈수록 늘어나고 있으며, 5G로 인터넷이 빨라지면서 그 상승세는 더 강해질 전망이다.

유튜브가 이렇게 빨리 성장할 수 있는 데는 여러 이유가 있지만 무엇보다 시청료가 없다는 점, 누구나 쉽게 영상을 올리고 자기 채널을 운영할 수 있다는 점을 꼽을 수 있다. 당연히 유입되는 사람이 많을 수밖에 없다. 무엇보다 다양한 연령대가 시청하기 때문에 거의 모든 종류의 광고가 제약 없이 가능하다.

유튜브에서는 나이, 성별, 취향, 주요 키워드, 사용 시간 등 여러 가지 조건을 조합해 정교한 타깃팅이 가능하다. 브랜드와 매칭력이 좋은 채널을 찾아 광고한다면 그만큼 효과는 커진다. 특히 인기 동영상에 광고 노출이 가능한데 동영상 시청 중 광고가 보이기 때문에 거부감이 적은 편이다.

유튜브 광고 중에는 동영상 시작 전에 붙는 프리롤 광고(Pre-roll ad)가 있는데 가장 대중적인 광고다. 이는 5초 스킵 광고라고도 불리는데 유튜브뿐만 아니라, 네이버TV, 페이스북, 트위터 등 소셜미디어에 탑재되는 광고다. 건너뛰기가 되는 광고도 있고 안 되는 광고도 있다. 건너뛰기를 막기 위해 사람들의 시선을 사로잡는 흥미로운 소재를 활용하기도 하고 동영상 중간에 탑재하기도 한다.

한편 광고를 우리 일상에서 너무 자주 접하게 되면 문제가 발생한다. 처음에는 호기심에 잠시 보기도 하지만 무차별적으로 쏟아지면 어느새 무신경해진다. 그래서 광고를 집행하거나 만드는 이들은 어떻게 하면 광고에 대한 거부감이나 무신경함을 줄일 수 있을까, 어떻게 하면 콘텐츠 안에 자연스럽게 녹아들어 브랜드 설득력을 얻을 수 있을까를 늘 고민한다.

콘텐츠 안에서 가장 자연스럽게 노출되는 광고 방법은 협찬이라고 불리는 PPL이다. 콘텐츠를 협찬하거나 스폰서가 되어 그 콘텐츠 안에 자사의 브랜드 스토리를 자연스럽게 녹여내는 방식이다. 브랜디드 콘텐츠라고 불리는 이 방식은 최근 굉장히 많이 활용되고 있다. 뷰티 유튜버가 스폰받은 회사의 제품을 리뷰해준다든가, 협찬받은 리조트에 놀러가서 영상을 찍는다든가 하는 식이다.

[더 창의적으로, 더 자연스럽게, 더 은밀하게]

요즘에는 단순하게 리뷰하는 영상을 보여주는 정도에 머물지 않고, 점점 기발한 아이디어를 발휘한 영상들이 만들어지고 있다. 크리에이터 과나는 제주맥주를 광고했는데, 단순히 제주맥주를 마시는 데서 멈추지 않았다. 제주맥주와 어울릴 만한 다양한 치즈 안주 레시피를 보여주면서 맥주 광고라는 느낌 없이 자연스럽게 콘텐츠를 보고 즐길 수 있게 유도했다. 그 방송을 보다 보면 간단한 안주를 만들어 맥주와 함께 먹고 싶어진다.

장삐쭈의 신한생명 광고도 성공적이었다. 사무실에서 벌어지는 직장상사와 부하직원 간의 스토리를 녹여내 재미를 준 광고다. 직장인들이 공감할 만한 스토리를 제공하고, 그 스토리에 빠져 한껏 재미와 웃음을 느끼게 한다. 그렇게 코믹한 스토리 라인을 유지하면서 부장님이 신한생명에 가입돼 있었다는 사실을 자연스레 노출한다.

이런 식의 협찬 광고들은 매우 기발한 방식으로 브랜드 스토리를 풀어내는 크리에이터들의 창의성이 유독 빛을 발할 수 있는 방법이다. 일명 대박이 터질 수 있는 광고 영역이다.

숏포러브라는 채널에서 진행했던 질레트 브랜드 콘텐츠 광고가 적절한 예가 될 수 있다. 슛포러브가 박지성을 섭외할 당시 그를 광고 모델로 두었던 질레트에서 도와주었는데, 스포츠 스타의 섭외를 도와주었으니 크리에이터 입장에서는 고마운 일이었다. 그에 대한 감사 표시로 슛포러브는 박지성과 함께 질레트를 노출시켰고 그 광고 효과는 상당했다. 질레트 입장에서는 박지성 광고를 한번 더 만드는 것보다 진정성 있는 콘텐츠 안에 자기 브랜드를 녹여내는 게 더 효과적이니 환영할 일이다. 당시 그 광고의 조회 수는 2,000만 뷰가 넘었다. 우리나라 국민 중 축구에 관심 있는 사람은 다 봤다고 할 만한 수치다.

이처럼 콘텐츠 하나로 대단한 성공을 거둘 수 있다는 점이 브랜디드 콘텐츠가 갖고 있는 매력이다. 반대로 여전히 풀어야 할 과제도 있다. 예측 가능성이 떨어지다 보니 리스크가 크다. 성공 공식이 따로 있지 않기에 예산과 성과의 비즈니스 플랜을 짜기 어렵다. 그럼에도 이 흐름을 거부할 수 없기에, 기업들도 리스크를 감수하고 브랜디드 콘텐츠에 일정 부분을 투자하고 있다.

유튜브 콘텐츠로 브랜드 메시지를 전달하는 법

TV매체라인과 유사한 방식으로 유튜브의 광고 상품을 구매하는 방식도 여전히 활용되고 있다. 동시에 고객에게 보다 진정성 있게 다가갈 수 있는 브랜드 메시지 전달 방법에 대한 고민 역시 치열하다. 그 대안으로 콘텐츠를 직접 만드는 일이 점차 부각되고 있다. 콘텐츠를 만드는 일에는 여러 가지 결이 있는데 첫 번째는 앞서 살펴본 것처럼 이미 잘하고 있는 크리에이터를 후원하는 방식이고, 두 번째는 직접 만드는 방식이다.

전통적으로 콘텐츠를 직접 잘 만들어온 회사들이 있다. 레드불, 나이키, 아디다스 등의 스포츠 브랜드가 대표적이다. 이들은 브랜드 스토리를 잘 녹여낸 동시에 즐길 만한 고퀄리티의 콘텐츠를 만들어 유튜브를 통해 주로 유통해왔다. 글로벌 브랜드들만 하던 이런 플레이를 이제는 많은 브랜드들이 실행하고 있다. 물론 쉬운 일은 아니다. 소비자의 흥미를 끌면서 브랜드 인지도를 높이는 콘텐츠를 만드는 일이 어려운 것은 당연하다.

나이키나 아디다스는 스스로 콘텐츠를 만드는 능력도 있었지만, 비싼 비용을 지불하고 르브론 제임스 같은 모델을 데려다 어마어마한 물량을 투자할 여력도 있었다. 하지만 대부분의 브랜드들은 그렇게까지 하기가 어렵다. 때문에 어떻게 해야 콘텐츠를 직접 생산해서 소비자들에게 브랜드 메시지를 전달할 것인가에 대한 현실적인 고민을 할 수밖에 없다.

문제는 '좋은 콘텐츠는 어떻게 만들어야 하는가'로 귀결되고, 결국 재능 있는 크리에이티브 디렉터와 매력 넘치는 출연진이 필요하다. 가령 브랜드 콘텐츠라고 할 수 있는 백종원 채널도 더본의 브랜드 채널인 셈이다. 백종원이라는 매력적인 출연진이 핵심이다.

강남언니라는 성형정보&시술후기 앱에서는 창업자인 의사가 직접 등장해서 성형외과나 피부과 시술에 대한 뒷이야기를 들려준다. 전문성을 토대로 사용자들에게 유용한 정보를 준다는 점에서 효과적으로 브랜드 스토리를 전달하고 있는 셈이다. 강남언니의 유튜브 채널인 강언TV는 광고보다는 브랜드 콘텐츠 활동이 회사 성장에 많은 영향을 준 경우다. 즉 콘텐츠 덕분에 회사 자체가 성장하게 된 케이스다.

새롭게 등장하는 브랜드들은 제품을 잘 만든 다음에, 콘텐츠를 활용해 마케팅한다는 생각을 버렸으면 좋겠다. 아예 브랜드 스토리를 알리는 콘텐츠 제작을 본업으로 여기라 말하고 싶다. 이제까지는 제품을 만들어 유통하고 실제 소비자에게 배송하고 AS하는 것까지를 업의 과정으로 여기는 것이 보편적이었다. 그래서 콘텐츠 만드는 일을 굉장히 부수적인 일, 혹은 다른 누군가가 해줄 일로 생각했다.

전문가의 도움을 받는 것도 좋지만 제품을 기획하고 제작하는 과정에서 그것을 홍보할 콘텐츠까지 함께 고민하는 게 더 중요한 시대가 왔다. 앞으로는 그것이 브랜드의 핵심 경쟁력 중 하나가 될 것이다.

시간과 공간의 경계를 넘어 연결되는 미래

Chapter 6_ 경계 없는 글로벌 세상

왜 전 세계는 K컬처에 열광하는가

2020년 K컬처의 가장 놀라운 성과는 단연 영화 〈기생충〉의 아카데미 4개 부문 수상이다. 이는 영화 한 편의 쾌거가 아니라, K컬처가 지닌 잠재력이 어느 정도의 폭발력을 지니고 있는지를 전 세계에 증명해보인 기념비적인 사건이다. 이 사건은 한국 콘텐츠 산업의 새로운 성장 동력이 되었다 해도 과언이 아니다.

그동안 글로벌 시장에서 한국의 대표 콘텐츠는 단연 K팝과 K드라마였다. 유튜브 콘텐츠 내에서도 K팝의 비중이 가장 크다. BTS가 전 세계에 K팝의 새 역사를 써나가고 있다면, 싸이의 〈강남스타일〉은 유튜브를 통한 거의 최초의 글로벌 센세이션이었다.

물론 그동안 SM이나 JYP, YG의 아이돌 그룹들이 글로벌 엔터테인먼트 시장에서 지속적인 성장세를 유지하고는 있었다. 하지만 글로벌 시장 공략에서 K팝의 가장 의미 있는 순간이라면 〈강남스타일〉의 빅 히트라고 볼 수 있다. K팝의 유튜브를 통한 해외 진출은 이 시기를 기점으로 새로운 전환점을 맞았고, 이후 최대 성과로 BTS라는 세계적인 아이콘이 탄생하게 되었다.

K팝에서 시작된 K컬처의 세계화

지난 2월, BTS는 뉴욕 록펠러 프라자에 마련된 NBC 야외 스튜디오에서 아침 뉴스쇼인 〈투데이 쇼〉에 출연했다. 〈맵 오브 더 소울 : 7〉의 발매를 알리는 방송이었다. 이날 방송은 미국 전역에 생중계되었다. 팬들은 영하 6도의 추운 날씨에 50시간 동안 노숙까지 하며 그들을 기다렸다. 그래미상 시상식에서 처음으로 공연한 한국 그룹, 앨범 3개를 1위에 올려 비틀스와 동일한 기록을 달성한 그룹, 소셜미디어 팔로워 수 5,000만 명의 슈퍼 인플루언서…. BTS는 언어와 국적, 인종을 초월한 그야말로 글로벌 아티스트다.

BTS를 필두로 최근 몇 년 동안 K팝의 성장세는 거침이 없다. 그리고 이제는 단순한 K팝에 대한 관심을 넘어 K컬처에 대한 광범위한 호기심으로 번져나가고 있다. 한국의 문화 콘텐츠뿐 아니라 한국인의 의식주, 한국 여성들의 패션과 뷰티 등 다방면의 'K라이프스타일'에 대한 관심이 뜨겁다.

우리는 한국인이 만든 혹은 한국 문화와 관련된 콘텐츠가 그 어느 시대보다 더 파급력을 갖는 세상에 살고 있다. 이는 한순간에 일어난 일이 아니다. 〈강남스타일〉의 성공 이후로 많은 콘텐츠업체와 콘텐츠 공급자들이 끊임없이 글로벌 시장을 겨냥한 콘텐츠를 공급해왔기에 가능한 일이었다.

물론 유튜브 콘텐츠 자체가 지금의 K팝처럼 큰 성과를 내고 있다고 보긴 어렵다. 아직은 초기 단계다. 하지만 몇 가지 영역에서는 눈에 띄는 성과를 내고 있다. 그중 키즈 콘텐츠 영역이 가장 두드러진다. 키즈 콘텐츠 채널은 국내뿐 아니라 글로벌 시장에서도 좋은 성과를 내고 있어서 주목할 만하다. 그 이유는 유튜브 콘텐츠 중에 언어 장벽 없이 만들 수 있는 몇 안 되는 영역이다 보니 제작자의 역량에 따라 IP로 발전할 가능성이 크기 때문이다.

대표적으로는 스마트스터디의 어린이 콘텐츠 브랜드 '핑크퐁'을 꼽을 수 있다. 핑크퐁은 북미권 구전동요인 〈아기상어(Baby Shark)〉를 편곡해 한국어 가사를 붙여 2분 남짓의 동요를 발표했다. 2015년 공개된 이 동요는 놀랍게도 2년여 만에 조회 수 21억 뷰를 돌파하는 등 폭발적인 인기를 끌었다.

지난 2월에는 미국 장난감협회가 수여한 '올해의 장난감상'(Toy

of The Year Award, TOTY) 2개 부문에서 수상했다. 이 시상식은 캐릭터와 장난감업계의 '오스카상'으로 불릴 정도로 북미에서 권위를 인정받고 있다. 이 키즈 콘텐츠는 뽀로로처럼 확실한 IP로 발전한 경우다.

그 외에 '토이푸딩'과 같은 장난감 언박싱 채널과 '보람튜브' 채널도 화제다. 샌드박스네트워크의 '말이야와 친구들'도 키즈 콘텐츠로 많은 인기를 얻고 있다. 또한 언어를 사용하지 않고 아이들이 좋아하는 장난감을 보여주거나 슬라임을 하는 모습을 보여주는 '넌버벌(Non-verbal) 콘텐츠'도 눈에 띄게 성장했다.

글로벌 콘텐츠화가 가능한 또 다른 분야는 '먹방'으로, 이는 한국에서 시작된 독특한 콘텐츠다. 아프리카TV를 중심으로 한 라이브 콘텐츠가 우리나라에 일찍 보급되다 보니 나타난 현상 중 하나다. 지금은 먹방이라는 용어 자체가 글로벌 표준어로 자리 잡았을 만큼 하나의 문화로 인식되고 있다.

다른 사람이 뭔가를 먹는 모습에 열광하며 대리만족과 쾌감을 느끼는 인간의 보편적인 욕구를 콘텐츠화해서 세계로 진출한 케이스다. 최근에는 미각에 청각적 자극을 강조한 ASMR 먹방 콘텐츠도 큰 인기를 누리고 있다. 떵개떵, ASMR 크리에이터 까니짱의 먹방도 글로벌한 트래픽을 기록하는 중이다.

K뷰티도 유튜브 콘텐츠의 중요한 트렌드 중 하나다. 특히나 이쪽에서는 포니와 이사배 등이 글로벌 뷰티 뮤즈로 성장해서 많은

인기를 끌고 있다. 펫 관련 콘텐츠도 주목할 만하다. 언어 제약 없이 제작할 수 있는 콘텐츠로 글로벌 트래픽이 많은 채널들이 있다. 대표적으로는 '단비'라는 골든 리트리버를 키우는 이야기를 콘텐츠로 만든 채널인 골든단비, 고양이와 함께하는 일상을 주제로 한 채널 크림히어로즈 등을 꼽을 수 있다.

K컬처가 세계인을 사로잡는 남다른 방식

유튜브 시대에 K컬처는 그 어느 때보다 글로벌한 관심의 대상으로 떠올랐다. K팝과 K드라마 등으로 꾸준하게 쌓아온 문화적 유산을 바탕으로 K푸드, K뷰티 등 다양한 2차 콘텐츠를 소비하는 경향이 늘어나고 있기 때문이다.

문화적 동경은 그 어떤 마케팅 전략보다 뛰어난 효과가 있다. 지금의 3040 세대가 미국의 시트콤 〈프렌즈〉와 드라마 〈섹스 앤 더 시티〉를 보면서 뉴욕의 라이프스타일을 동경하며 관련된 콘텐츠를 소비했듯이, 이제는 한국 문화를 동경하는 수많은 세계인들이 K컬처의 열렬한 팬을 자처하고 있다.

K컬처 열풍의 또 다른 이유는 한국인의 기질적인 특성에서 찾을 수 있다. 트렌드에 민감하고 경쟁이 치열한 환경에서 살아남는 데 익숙한 성향은 콘텐츠 제작에 긍정적인 영향을 미치고 있다. 해외

트렌드에도 민감하고, 잘 되는 아이템을 차용해 발 빠르게 새로운 것을 만드는 역량 또한 탁월하다.

물론 콘텐츠의 글로벌화는 플랫폼과 제작자의 창의적 역량만으로는 불가능하다. 가장 큰 장벽은 역시 언어의 장벽이다. 결국은 영어권 시청자들을 흡수해야 글로벌한 트래픽을 달성할 수 있기 때문에 이를 극복하기 위한 노력이 절실하다. 어떻게 언어라는 장벽을 극복하고, 우리의 크리에이터와 그들이 만드는 엔터테인먼트 콘텐츠로 세계인을 매료시킬지 끊임없이 고민해야 한다. 이와 관련한 기술적 지원도 필요하다.

한 가지 희망적인 것은 내수용 콘텐츠를 해외 유저들이 찾아와서 보는 경우가 상당히 많다는 점이다. 샌드박스네트워크의 경우, 현재 글로벌 뷰어십이 35퍼센트 이상이다. 그래서 K크리에이터도 K컬처의 주류로 부상할 수 있을 거라는 확신을 갖게 되었다.

한국의 크리에이터도 세계적으로 주목받기에 충분한 능력을 갖고 있다. 특유의 끼와 집요함으로 포기하지 않고 노력한다면 전 세계로 퍼져나가는 유튜브 열풍에 힘입어 글로벌 스타로 부상할 일이 머지않았다.

디지털 엔터테인먼트, 세계인의 공유 언어가 되다

디지털 플랫폼은 인종, 언어, 시간, 국경의 제약 없이 새로운 아이디어를 실현해서 경제활동을 할 수 있는 혁신적 공간이다. 이 열린 세상에서는 누구나 자신만의 콘텐츠로 글로벌 시장에서 영향력과 수익을 만들어낼 수 있다. 그중 가장 규모가 큰 플랫폼인 유튜브의 성장세는 단연 돋보인다. 구글 모기업인 알파벳이 공개한 2019년 유튜브의 광고 매출은 전년 대비 36퍼센트나 증가한 151억 5,000만 달러(약 18조 원)다.

국내 크리에이터들에게도 유튜브의 문턱은 점점 낮아지고 있다. 이는 유튜브에 추가된 '자동 언어 번역' 기능 덕분이다. 예전에는 해외 시장 공략을 위해서 복잡한 제작 과정을 거쳐 영어 자막을 만들어야 했다. 당연히 시간도 많이 걸리고 추가 인력도 필요했다. 하지만 지금은 콘텐츠 동영상의 제목이나 설명을 다양한 언어로 자동 추가할 수 있는 '다국어 메타데이터' 기능과 사용자들이 자발적으로 자막 번역에 참여하는 '커뮤니티 제공 자막' 기능 등이 생겨 언어 문제가 어느 정도 해결된 상태다. 그 외에 AI TTS(Text-to-Speech), 즉 문자 음성 변환 프로그램을 이용하면 자동으로 번역한 내용이 음성으로 지원되는데, 이런 기능들로 K콘텐츠의 글로벌 공략이 한층 더 수월해질 전망이다.

K컬처가 세계인의 사랑을 받는 이유

콘텐츠의 세계화를 위한 기술 지원은 점점 더 고도화될 것이고, 그 결과 해외 팬들은 국내 크리에이터의 동영상을 보다 쉽게 검색하고 시청할 수 있을 것이다. 요즘에는 자막을 활용하는 유튜브 비중이 점점 늘어나고 있으므로 이런 기술을 잘 활용한다면 K크리에이터들의 글로벌 시장 도전도 어려운 일이 아니다.

물론 콘텐츠로 세계 시장에 뛰어든다는 것은 단순히 자막만 있다고 가능한 일이 아니다. 제작 초기부터 글로벌 환경과 콘텍스트를 고려해야 한다. 게다가 정보성 콘텐츠가 아닌 엔터테인먼트 콘텐츠의 경우는 콘텍스트나 재미를 전달하는 데에도 한계가 존재하는 것이 사실이다. 그래서 어떻게 하면 좀 더 글로벌한 유튜브 콘텐츠를 만들 것인가를 두고 여러 가지 방법을 시도하고 있다.

애초에 해외 시장을 타깃으로 콘텐츠를 만드는 유튜버도 많이 나타나고 있다. 외국인을 활용해서 콘텐츠를 만들거나 외국에 나가서 그 나라 사람들과 함께 콘텐츠를 만드는 경우도 있다. 이런 시도도 분명 필요하다. 하지만 K컬처가 세계 시장에 통한 이유 중 하나는 우리만의 창의적 아이디어와 제작 능력 때문이다. 한국의 크리에이터가 만든 콘텐츠로도 글로벌 공략은 가능하다고 본다.

글로벌 미디어 기업 에이앤이 네트웍스(A+E Networks)의 폴 부치에리(Paul Buccieri) 회장은 한국의 콘텐츠 경쟁력을 높이 평가하며 '전 세계 어디에서나 통할 콘텐츠를 만드는 유일한 나라'라고 말했다. 그는 한국 콘텐츠가 글로벌 경쟁력을 지닌 이유는 '국내에서의 경쟁이 워낙 치열해 끊임없이 새 콘텐츠를 만들어내고, 혁신을 바탕으로 폭발적으로 성장하는 디지털 시장이 창의적 기회를 제공하기 때문'이라고 분석했다.

K크리에이터들 앞에 열린 글로벌 무대

K크리에이터들의 글로벌 시장을 향한 도전은 이제 시작이다. 여

러 가지 장벽이 있기는 하지만 어쨌든 지금은 콘텐츠로 세계 시장에 진출할 수 있는 가장 좋은 시점이다.

예전에는 콘텐츠 공급을 위해 해외 배급사도 찾아야 하고, TV나 영화관 등 기존의 거대 유통사를 활용해야만 공급이 가능했기에 커다란 제약이 발목을 잡았다. 하지만 지금은 유튜브에 올리는 순간 바로 글로벌 시장으로 진출할 수 있다. 사실 글로벌 진출이라는 말 자체가 무의미한 시대다. 심지어 한국말로 서비스해도 해외 트래픽이 높은 채널도 많다.

한 게임 유튜버는 일본에서 인기가 높은 게임을 골라 콘텐츠를 만들었는데, 갑자기 일본인들의 조회 수와 댓글이 급증하는 등 뜻하지 않게 해외 트래픽이 나는 걸 경험하기도 했다. 이는 곧장 비즈니스로 이어진다. 글로벌 트래픽이 생기는 순간 관련 매출이 바로 발생한다.

유튜브는 매년 '가장 인기를 끈 동영상 TOP 10'을 발표한다. 2019년 리스트를 보면 한국 콘텐츠의 위상을 다시 한번 실감할 수 있다.

그중 '전 세계적으로 가장 많이 성장한 신규 채널 TOP 10'에 한국 채널이 3개나 올라와 있다. 방송인 장성규의 '워크맨-Workman' 채널이 전 세계에서 두 번째로 큰 성장을 기록한 채널에 등극했다. '선넘규'라는 캐릭터를 통해 생생한 직업 체험기를 선보이는 채널이다. 그 외에 요리연구가 겸 사업가 백종원의 요리 채널이 3위에, 일상적인 음식의 레시피를 쉽게 알려주는 '하루한끼(one meal a day)' 채널이 7위에 올랐다.

이제 K컬처는 K크리에이터가 견인한다

이제 국내 크리에이터의 콘텐츠도 글로벌 시장에서 진가를 인정받고 있다. K팝을 선두로 한 K컬처의 전 세계적 열풍은 e스포츠와 K뷰티에 이어 엔터테인먼트 콘텐츠로 이어지고 있는 것이다. 이 열풍의 바통을 이어받을 수 있도록 다양한 영역의 콘텐츠 개발을 위한, 제작자와 창작자들의 노력이 절실하다. 또한 회사 차원에서는 기술 부문과 매니지먼트, 마케팅 전반의 고도화를 위한 혁신에 매진해야 한다.

샌드박스네트워크는 인공지능 자막업체와 협력해서 크리에이터들에게 좀 더 저렴한 비용으로 자막을 만들 수 있는 서비스를 지원하고 있다. 그리고 크리에이터들의 글로벌 트래픽을 분석해 특정 시장을 공략하기 위한 컨설팅도 제공한다. 그 외에 이미 글로벌한 인기를 끌고 있는 콘텐츠와 크리에이터를 통해 유튜브 광고를 넘어선 비즈니스를 위한 플랜을 세우고 있다.

국내에서도 10대 중심의 유튜브 콘텐츠 소비 트렌드가 20대를 넘어 중장년층까지 확대됐다. 올해부터는 더 폭발적으로 성장할 수 있다. 먼저 국내 시장에서 인정받는 프리미엄 콘텐츠를 강화하고, 글로벌 유통 확대로 이어간다면 이제 K크리에이터가 K컬처의 새로운 선두주자가 될 수 있다.

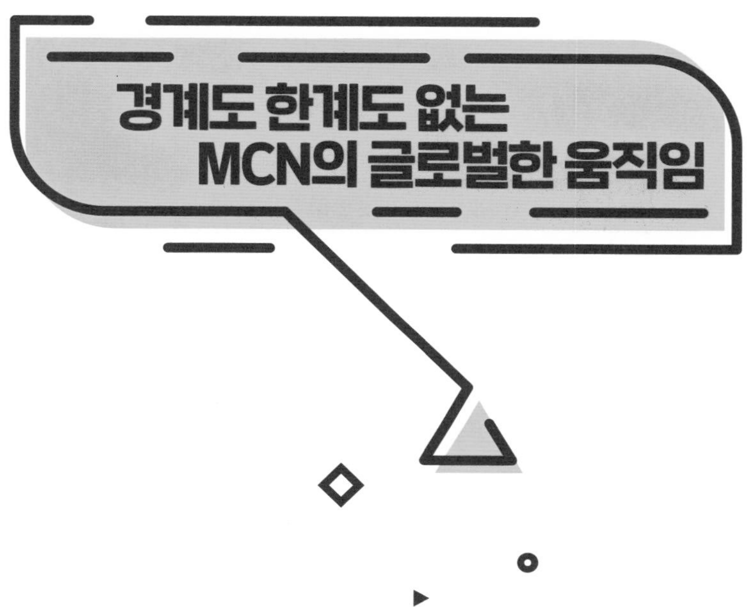

경계도 한계도 없는 MCN의 글로벌한 움직임

2020년 MCN 기업들의 경쟁은 그 어느 때보다 치열하다. 유튜브와 넷플릭스로 대표되는 플랫폼 시장에 신흥 강자들이 속속 등장하고 있기 때문이다. 이로 인한 서비스 경쟁에서 살아남기 위해서는 다방면에서 혁신을 시도해야 한다. 어떤 변화와 경쟁력으로 승부해야 지속 가능한 성장을 할 수 있을까?

미디어미래연구소에 따르면, 국내 1인 미디어 시장은 2018년 3조 8,700억 원에서 2023년 8조 원 규모로 성장할 전망이다. 이런 폭발적인 성장세 속에서는 또 다른 승자가 탄생하게 마련이다. MCN 기업들은 소속 크리에이터들과 함께 적자생존의 시대에 새로운 돌파구를 마련하고, 더 적극적으로 글로벌 시장을 공략해야 한다.

해외 주요 시장의 디지털 미디어 플랫폼 동향

콘텐츠와 크리에이터마다 다르긴 하지만 해외 시청자 중에 많은 비중을 차지하는 나라가 인도다. 인도는 아주 빠르게 성장하고 있는 개발도상국이고 세계에서 두 번째로 인구가 많은 나라다. 그리고 전통적인 방송이나 TV가 적어서 유튜브의 성장 속도가 무시무시할 정도로 대단하다.

인도의 유튜브 이용자 수는 월 2억 7,000만 명이 넘고, 전 세계에서 구독자 수가 가장 많은 상위 10개 채널 중 4개가 인도 채널이다. 유튜브 안에 방송국도 있고 거기에서 전통 콘텐츠인 영화, 음악 그리고 일반 크리에이터들의 콘텐츠 등 모든 것이 유통되고 있다. 더불어 프리미엄 콘텐츠들도 많다.

인도 다음으로 주목할 나라는 인도네시아, 베트남, 태국 등이다. 그중 베트남은 유튜브 세계 10대 시장 중 하나로 불릴 정도로 영향력이 커지고 있다. 피플앤스토리를 비롯해서 국내 플랫폼 기업들도 베트남 진출에 나서고 있다. 특히 예원(Yeah1)은 베트남 기반의 종합 미디어 그룹으로 뉴 미디어 모두를 아우르는 사업모델을 보유하고 있다. 2018년 매출이 910억 원으로 베트남의 경제 규모와 광

〈아시아 주요 시장 소셜미디어 이용 시간〉

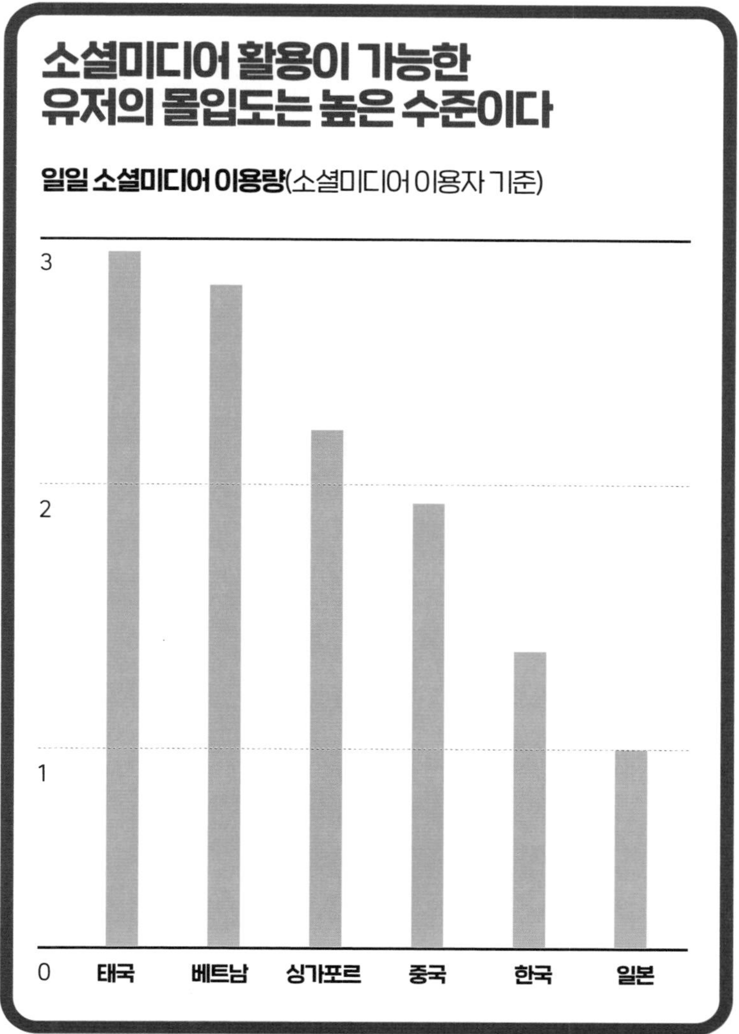

단위 | 시간/일, 출처 | Hootsuite

고 시장을 감안하면 상당히 규모가 큰 회사이다. 한때는 세계 3위, 아시아 1위를 차지했던 적도 있다.

일본 MCN 시장에서는 움(UUUM)이 절대적인 점유율을 지키고 있다. 저성장에 진입한 일본에서 움은 2017년 이후부터 매분기 평균 전년 대비 70퍼센트의 압도적인 매출 성장률을 기록하고 있다. 일본과 미국은 시장이 지니는 의미가 크다. 한국 문화에 대한 친숙도가 높고, 비즈니스 규모가 크기 때문에 거기서 조금만 조회 수가 나와도 매출이 커지고 비즈니스 기회도 많이 찾을 수 있기 때문이다.

그렇다면 중국은 어떨까? 중국에서 비즈니스를 하려면 크리에이터를 비롯한 인플루언서를 지칭하는 '왕홍(网红)' 문화를 모르면 성공할 수 없다. 왕홍의 경제학이라 불릴 정도로 중국 MCN 시장의 규모는 커지고 있다. 인구와 시장 규모가 엄청나기 때문에 조금만 성과를 올려도 큰 임팩트를 거둘 수 있다.

중국은 만리방화벽을 통해 유튜브를 비롯한 소셜미디어를 차단해왔지만, 사람들은 VPN(Virtual Private Network) 등을 이용해 우회하는 방법으로 유튜브 콘텐츠를 유통하고 있다. 유쿠(Youku), 웨이보(Weibo) 등 주요 플랫폼 외에도 자체 개발된 군소 플랫폼이 수백 개에 달한다. 그래서 한국 크리에이터들의 명성이 전혀 없지는 않다. 우리로서는 어떻게 정식으로 중국 시장에 진출할 것인가가 관건이다. 올해부터는 중국의 플랫폼을 잘 공략해서 협업도 하면서 콘텐츠를 다양하게 제공할 예정이다.

주요 MCN 기업의 해외 시장 진출 상황

국내 MCN 기업들의 해외 시장을 향한 도전은 이미 시작되었다. 우선 CJ ENM의 다이아TV는 유튜브 외에도 주요 글로벌 시장 거점별 대표 플랫폼에 채널을 개설했다. 유럽 최대 동영상 공유 사이트 데일리모션(Dailymotion), 북미 한류 콘텐츠 플랫폼인 비키(Viki), 동남아 시장을 타깃으로 한 동영상 애플리케이션 뷰(VIU) 등 글로벌 영상 플랫폼과의 제휴를 통해 파트너 창작자들의 콘텐츠를 유통하고 있다.

특히 다국적 창작자들과의 협업을 통해 글로벌 시장에서의 영향력을 키우고 있다. 다이아TV와 파트너십을 맺은 다국적 파트너는 세계 40개 국가에 350여 개 팀(2019년 기준)에 이른다. 펑티모(중국), 토기모치(일본), 창메이크업(베트남) 등 외국인 창작자와 체리혜리(베트남), 써니다혜(인도네시아)와 같이 해외에서 활동하는 한국인 창작자를 통해 국내 브랜드의 해외 진출을 돕고 광고 수익을 높이고 있다. 그뿐 아니다. 2018년부터는 소속 크리에이터 콘텐츠와 스튜디오 다이아가 제작하는 오리지널 콘텐츠를 웨이보, 도우인(Douin), 샤오홍슈(Xiaohongshu) 등 중국 플랫폼에 20개 채널을 개설해 유통하고 있다.

트레져헌터 역시 글로벌 기업과의 MCN 연합 구축을 통해 해외 영향력을 확대해나가고 있다. 신흥 시장 진출을 위해 중동 MCN 기업인 디완(Diwan)과 글로벌 콘텐츠·지적재산권 업무 협약을 맺었으며, 중남미 게임 및 퍼블리싱 플랫폼 사업자인 FHL게임즈와도 협업에 나섰다.

그밖에 국내 주요 MCN 기업들은 글로벌 경쟁력 확대를 위해 틱톡과도 업무 협약을 맺었다. 샌드박스네트워크도 자회사·관련사 공동체인 '샌드박스네트워크 얼라이언스'에 속한 아이스크리에이티브와 함께 계약을 체결했다.

샌드박스네트워크의 글로벌 시장 도전

샌드박스네트워크도 해외 시장 진출을 위해 다각도로 노력 중이다. 가장 주목하고 있는 나라는 역시 인도다. 인도 진출을 필두로 중국을 비롯한 아시아, 미국 등으로 확대해나갈 예정이다. 샌드박스네트워크에 소속된 크리에이터들 중 해외 시청자들에게 인기 있는 크리에이터는 떵개떵, 까니짱 등을 꼽을 수 있다. 언어 장벽이 없는 먹방 영역 크리에이터들의 채널이 아무래도 트래픽이 높다. 이들은 해외 트래픽이 60~99퍼센트까지 나온다.

그 외 K라이프스타일 분야 채널로는 온도, 키즈 분야에서는 소닉토이, 말이야와친구들 그리고 에반키즈 채널이 글로벌 트래픽이 높다. 음악 분야에서는 라온 채널이 대표적인데 구독자의 70퍼센트가 해외 팬이다. DIY에서는 팬케이 채널, 그리고 ASMR에서는 Soy ASMR, UNO ASMR 채널, 팻 채널에서는 MochaMilk, 골든단비 채널이 주목할 만하다.

2020년 샌드박스네트워크는 글로벌 영역에서 새로운 사업 기회를 적극적으로 찾아나서고 있다. 그 첫걸음으로 현재 전 세계에서 가장 빠르게 성장하고 있는 디지털 콘텐츠 시장인 인도에 진출했다. 인도 MCN 기업인 컨비전(Convision)에 대한 지분 투자를 시작으로 인도의 현지 시장 분석과 함께 샌드박스네트워크가 보유한 키즈, 게이밍 등 다양한 콘텐츠를 인도 현지에 유통하는 신규 사업을 모색하고 있다. 이 투자를 해외 진출의 교두보로 삼아 향후에는 글로벌 사업 영역 확대를 위한 신규 사업들도 지속적으로 모색해 나갈 계획이다.

샌드박스네트워크 콘텐츠의 글로벌 뷰어십은 35퍼센트를 웃돌고 있다. 이런 상황에서 콘텐츠 사업 영역을 글로벌로 확대해나가려는 시도는 샌드박스네트워크 창업과 마찬가지로 피할 수 없는 도전이다. 물론 지금의 트래픽만으로 성공을 확신할 수는 없다. 하지만 지금껏 해온 것처럼 불확실성을 잘 통제함으로써 글로벌 시장을 공략할 우리만의 차별성을 만들어갈 수 있을 것이다.

우리가 마주할 콘텐츠 산업의 미래

콘텐츠 산업은 모든 비즈니스 영역에서 큰 시너지를 일으키고 있다. '먹방'은 전 세계적 유행어가 되면서 관련 콘텐츠는 특정 기업의 매출을 수직 상승시킬 정도로 큰 영향을 미친다. 먹방 콘텐츠에 '글로벌 챌린지' 트렌드까지 가세해서 제2의 창업 신드롬을 일으킨 식품회사가 있다.

삼양식품의 '불닭볶음면'은 극강의 매운맛을 체험하는 동영상으로 현재 76개국에 수출되는 메가 히트작이 되었다. 유튜브에는 전 세계 사람들이 각양각색의 방법으로 불닭볶음면 먹기에 도전하는 신기한 광경의 영상이 100만 건 이상 올라와 있다.

이는 유튜브 플랫폼이 만들어낸 '문화적 유사성'과도 연관이 있다. 특정 국가의 문화가 글로벌한 관심을 받는 사례가 늘면서 문화적 유사성은 점점 더 확대되고 있으며, 그 결과 아무도 예상치 못한 흥미로운 일들이 일어나고 있다.

크리에이터들도 상호 모방과 변주를 반복하면서 세계 어디서나 통하는 콘텐츠 코드를 만들어낸다. 하나의 콘텐츠 포맷이 히트 치면 순식간에 다른 나라의 크리에이터가 자신의 방식으로 제작해서 공유한다. 이런 현상이 반복되다 보니 세상은 그 어느 때보다 좁아지고 문화적 유대감은 급속도로 높아지고 있다.

가속화되는 문화적 유사성과 취향의 다양성

지난 2월, 영화 〈기생충〉의 글로벌 박스오피스 매출이 2,000억 원을 돌파했다. 북미 역대 외국 영화 4위, 일본 내 한국 영화 중 흥행 수입 1위를 기록했다. BTS도 신보를 발매한 후 '빌보드 200' 차트에서 1위에 등극하며 새로운 역사를 써나가는 중이다.

전 세계인이 한국의 콘텐츠에 열광하게 된 것은 우리의 IP가 세계인의 취향을 꿰뚫었다는 증거다. 물론 이보다 더 크게 흥행하는 IP들이 앞으로도 생겨날 것이다. 이런 메가 히트작 외에 세부 관심사 영역의 콘텐츠들도 약진을 준비하고 있다. 디지털 플랫폼의 영향으로 전 세계가 비슷한 유행을 빠르게 공유하면서 확대 재생산하고 있다.

이러한 문화적 유사성은 앞으로도 더 가속화될 것으로 보인다. 이는 결국 사람들의 생각이나 소비 습관 등 라이프스타일 전반에 영향을 미친다. 점점 더 문화와 인종 간 경계가 희미해지고 거부감도 줄어들게 된다.

그런데 문화적 유사성의 확대와 함께 주목해야 할 현상이 하나 더 있다. 취향의 다양성이 극심해질 것이라는 점이다. 전체적인 흐름에서는 유사성이 강화되는 한편 개인의 다양성은 점점 더 증가할 것이다. 그만큼 각기 다른 취향의 포트폴리오를 가진 개인이 만들어내는 콘텐츠도 많아질 전망이다.

엔터테인먼트 산업에서도 비즈니스 모델은 많이 바뀌고 있다. 기존에는 방송국이라는 채널이 일방적으로 콘텐츠를 공급했고 주요 수익원은 광고였다. 하지만 이제는 특정 채널을 소유하고 유통망을 쥐락펴락하는 것이 더 이상 우위를 점할 수 있는 조건이 아니다. 중요한 것은 콘텐츠 자체며, 그것에서 승부가 갈린다. 즉 콘텐츠 비즈니스에서의 핵심 역량은 크리에이터의 창의성과 제작 능력이다.

이러한 변화로 예측 가능한 영역이 줄어든 것은 단점이라 하겠다. 과거에는 어느 정도의 흥행이 예측되는 채널과 콘텐츠를 가지고 미리 광고를 팔아 수익을 가늠했다. 이 운영 방식만으로도 생존이 가능했다. 하지만 지금은 어떤 비즈니스 모델을 가져야 계속해서 콘텐츠를 만들 수 있는 재투자가 가능할지 쉽게 판단내리기 어렵다.

엔터테인먼트 콘텐츠 분야의 경우 상황은 더 복잡하다. 그래서 광고를 수익의 원천으로 삼던 것에서 탈피해 커머스와 콘텐츠를 연결해서 좀 더 직접적으로 서비스를 제공하고 상품을 개발 판매하는 방향으로 나아가고 있다. 디지털 콘텐츠와 e커머스는 앞으로도 상호 시너지를 낼 가능성이 높은 영역이다. 콘텐츠 시장에서 채널이 큰 의미가 없어졌듯이 커머스에서도 입지가 장점이 아닌 시대가 왔으니, 두 영역 모두 진짜 콘텐츠가 갖고 있는 힘이 훨씬 중요한 시대가 오고 있다.

세상에서 가장 비싼 재능, 크리에이티비티

넷플릭스를 필두로 한 OTT 시장은 콘텐츠의 중요성을 더욱 부각시켰다. 소비자들의 콘텐츠 시청 패턴을 읽고 분석해 그들의 니즈를 반영한 이 플랫폼은 콘텐츠 제작자들에게는 새로운 기회를 제공한다.

특정 시간대에 프로그램을 편성해서 시청률 높이는 걸 최우선 과제로 삼았던 과거와는 달리, 시청 시간과 기기의 자유로운 선택이 가능해지자 콘텐츠 선택의 폭은 무한대로 늘어났다.

이런 환경에서는 콘텐츠를 만드는 핵심 아이디어를 가진 크리에이터의 역할이 더욱 강조될 수밖에 없다. 그들은 감독이자 작가 그리고 출연자로서 자신만의 크리에이티비티를 십분 발휘할 더없이 좋은 기회를 맞았다.

그래서 나는 '가장 비싼 재능은 크리에이티비티'라고 생각한다. 그것은 최고의 고부가가치를 지닌 능력이며 무한대의 가능성을 가졌다. 결국 콘텐츠 비즈니스는 '어떻게 하면 더 많은 크리에이티비티를 가질 수 있는가'로 승부가 갈릴 것이다.

샌드박스네트워크의 시작도 크리에이터들이 갖고 있는 특별한 재능을 높이 평가하고 그 미래 가치를 인정한 데서 비롯되었다. 초창기 크리에이터들은 'B급 콘텐츠나 킬링타임용 콘텐츠를 만드는 사람', '유튜브 시장의 성장에 힘입어 기회주의적으로 돈 버는 사람'으로 인식되었다. 이는 TV 속 콘텐츠의 제작 규모에 비해 크리에이터들이 만든 콘텐츠가 하찮게 여겨지는 측면이 영향을 미친 결과다.

하지만 하찮게 여겨졌던 콘텐츠 제작은 엄청난 재능이 있어야 가능한 것이었다. 초창기엔 나조차도 잘 몰랐다. 1인 크리에이터가 일정 시간 동안 시청자를 자신의 콘텐츠에 몰입시키기 위해서는 남다른 창의성이 필요하다.

창의력은 사용하고 실천할수록 더욱 커지고 강해진다

"많은 것을 시도하고 다양한 아이디어를 쏟아내는 것. 확산적 사고는 반드시 좋은 결과물을 내지 않을 수도 있지만 시도조차 하지 않으면 결국 정보는 먼지가 되어 사라져버린다."

창의성에 관한 수많은 논의 중에 카이스트 정재승 교수의 이 말이 유독 와닿는 이유는 '시도하라'는 말 때문이다. 아이디어는 누구나 낼 수 있지만 그것을 결과물로 만들어내는 사람은 소수다. 그들만이 자신의 창의성을 평가받을 수 있다. 설사 결과가 좋지 않더라도 아이디어가 먼지처럼 사라지지는 않는다. 소셜미디어 세상에서 자신의 창의성을 보여줄 기회는 무궁무진하다. 누구나 크리에이터로 성공할 수는 없지만, 누구든지 시도해볼 수는 있다.

샌드박스네트워크의 본질이자 장기적인 비전은 '크리에이티비티를 키우는 회사'다. 우리의 가장 중요한 자산은 크리에이터의 창의적 역량이고, 가장 큰 경쟁력은 그들의 크리에이티브를 보다 더 끌어올리는 능력이다. 그래서 나는 샌드박스네트워크가 단기적으로는 세상의 수많은 재능을 잘 활용하는 회사, 장기적으로는 그걸 넘어서서 좀 더 많은 사람들이 자신만의 크리에이티비티를 키울 수 있도록 도와주는 회사이길 바란다.

경영의 지향점 역시 그렇다. 교육을 비롯한 다양한 방식으로 보다 많은 크리에이터들에게 그들의 창의성을 발현할 기회를 제공하는 것이다. 더불어 어디선가 자신만의 크리에이티비티를 잘 다루고 가꾸는 이들을 찾아내는 창의적인 방식도 계속 고민하고 있다. 크리에이티브를 많이 다뤄본 회사라면 어느 순간 그걸 함양하는 방법도 더 잘 알게 될 것이다. 이러한 믿음이 있기에 샌드박스네트워크는 콘텐츠 산업의 미래를 예단하거나 두려워하지 않는다.

샌드박스네트워크의 미래는 여기, 오늘로부터 시작된다

지난 해 10월 샌드박스네트워크의 '첫 번째 얼라이언스 데이'가 열렸다. 관계사와 함께 정기적인 교류 및 패밀리십을 구축하기 위한 워크숍으로, 각사 현황과 사업 계획을 공유하고 시너지 포인트를 발굴하여 실제 사업화를 도모하는 자리였다. 시행착오가 많은 디지털 미디어업계에서 성공과 실패 사례를 허심탄회하게 공유함으로써 끈끈한 정을 나누고 협업을 통해 업계 내에서의 영향력을 강화하자는 의지를 다지는 소중한 시간이었다.

그날 나는 얼라이언스와 나누고 싶은 여러 가지 아이디어를 공유하면서 "크리에이터를 향한 사랑에 대한 공감대를 바탕으로 미래를 함께 열어가는 관계사를 모실 수 있어 영광이다"라는 소감을 건넸다. 이렇게 말한 이유는 그 자리에 모인 이들 모두가 시장의 성장보다 더 빠르게 성장하기 위해서는 진정성 있는 콘텐츠 확보가 가장 중요하다는 것을 알고 있기 때문이다.

하루가 다르게 급변하는 플랫폼 시장에서 살아남기 위해서는 다양한 킬러 콘텐츠를 만들어야 한다. 그러기 위해서는 숲과 나무를 동시에 볼 줄 알아야 한다. 사소한 것과 중요한 것이 서로 어떻게 연결되는지 알아야 허겁지겁 트렌드만 뒤쫓거나 자신의 창의성에 갇히는 우를 범하지 않을 수 있다.

미래를 읽으려 하지 마라

내가 크리에이터들에게 강조하는 것 중 하나는 '밸런스'다. 자신만의 독특하고 개성 넘치는 창의성과 시청자들이 원하는 것 사이에서 밸런스를 유지하자는 의미다. 크리에이터는 나의 창의력이 대중의 취향을 만족시키지 않을 수도 있다는 점을 늘 경계해야 한다. 그렇다고 해서 시청자들이 원하는 대로만 하면 자신만의 창의력을 발휘할 수 없다.

이는 비단 콘텐츠뿐만 아니라 모든 비즈니스 영역에 통용되는 본질이다. 기술이든 상품이든, 서비스든 콘텐츠든 대중이 원하는 것만 따라가서는 안 되고, 본인의 생각만 고집해서도 안 된다. 절묘한 절충점을 찾아야 한다. 서로 통해야 성공할 수 있다.

그렇다면 어떻게 하면 통할 수 있을까? 일단 세상을 읽어내는 능력을 길러야 한다. 세상이 지금 어느 방향으로 흘러가고 있으며, 사람들이 무엇에 끌리고 있는지 내밀하게 들여다봐야 한다. 사람들은 자신이 좋아하는 걸 숨길 수 없다. 아무리 가치 판단을 통해 이건 아니라고 생각해도 감정적으로 끌리는 건 숨겨지지 않는다. 크리에이터는 이것을 자기만의 방식으로 잘 찾아내 데이터로 쌓아나가야 킬러 콘텐츠를 만들 수 있다.

앞으로 사람들이 무엇에 끌리고 열광할지는 미래에 가보지 않는 이상 알 수 없다. 트렌드 예측도 크게 중요하지 않다. 지금의 현상만 잘 파악해도 충분하다. 유튜브 콘텐츠는 제작하는 기간과 노출 시간 등 사이클 자체가 짧기 때문에 미래의 트렌드를 예측해서 기획하고 제작하기보다는 지금의 트렌드를 잘 읽고 발 빠르게 자신만의 콘텐츠로 만들어내는 게 관건이다. 너무 멀리 보지 말고 지금 여기의 시청자들이 좋아할 만한 것을 찾아야 한다.

샌드박스네트워크는 그것을 잘하는 사람을 찾아서 그가 재능을 잘 발휘할 수 있도록 콘텐츠 제작 시스템을 만들고 있다. 우리의 가장 분명한 목표는 좋은 콘텐츠를 만드는 것이다. 그 일은 크리에이터 없이는 불가능하다. 창업 후 콘텐츠 제작과 관련된 수많은 시도를 해왔지만 크리에이터들이 만든 콘텐츠만큼 시청자들의 관심을 끄는 걸 만들 수는 없었다.

물론 크리에이터와의 협업이 쉽지만은 않다. 하지만 기술이 아닌 사람이 생산의 주체가 되는 모든 일은 다 비슷한 애로사항을 갖고 있다. 중요한 것은 이런 리스크의 비율을 낮추기 위한 노력을 계속 하면서 우리만의 제작 시스템을 고도화하는 것이다. 이는 미래 전략만큼이나 중요한 과제다.

샌드박스네트워크의 사업적 미래 전략

앞서 미래를 읽지 말라고 말했지만 그것이 준비를 소홀히 하라는 의미는 결코 아니다. 샌드박스네트워크는 콘텐츠, 플랫폼, 광고, 커머스 등의 영역에서 새로운 사업 기회를 만들기 위한 다양한 준비를 하고 있다.

디지털 플랫폼 시장은 글로벌 IT 기업들의 격전지가 되고 있다. 현재 동영상은 유튜브, OTT는 넷플릭스, 쇼트폼은 틱톡이 대표주자지만, 승자의 자리는 결코 안전하지 않다. 앞으로의 플랫폼 시장은 예측이 불가능할 정도로 경쟁이 뜨겁고, 그만큼 콘텐츠 공급의 기회도 다양해질 전망이다. 이런 흐름에 따라 샌드박스네트워크는 소속 크리에이터 중 전속 계약 크리에이터 비중을 대폭 강화했다. 그리고 유튜브, 트위치, 틱톡 외 사업성이 검증된 신규 플랫폼으로 콘텐츠 공급을 확대하는 중이다. 또한 샌드박스네트워크만의 콘텐츠 제작 노하우를 바탕으로 오리지널 콘텐츠 제작에 역량을 집중하고 있다.

광고 영역에서는 브랜디드 콘텐츠 외에 오프라인 이벤트, 브랜드 채널 운영, 매체광고 집행 등 다양한 광고 상품을 선제적으로 개발하여 솔루션도 제공해나가고 있다. 외부 크리에이터 캐스팅을 늘려서 유연하고 다양한 크리에이터 인벤토리를 확보하고, 샌드박스네트워크의 자체 제작 역량을 활용한 광고 콘텐츠를 기획하는 데 집중할 예정이다.

가장 중요한 콘텐츠 분야에서는 메가 인플루언스를 기반으로 다양한 2차 콘텐츠를 제작할 것이다. 우선 사업성이 확보된 크리에이터 위주의 사업을 진행할 예정인데, 크리에이터들의 기존 유튜브 콘텐츠 사업화 외에 출판, 뮤지컬, 전시회 등 소비자들의 전반적인 문화생활 콘텐츠로의 확장도 이어나갈 계획이다.

커머스 영역에서는 특히 크리에이터 커머스에 주목하고 있다. 크리에이터의 기획 역량 및 인플루언스를 바탕으로 기존 팬층은 물론 이를 넘어 대중 소비자들을 타깃으로 삼는 데 전략을 집중하고 있다. 이를 통해 오픈마켓, 라이브 커머스 등 다양한 유통 채널을 활용해 매스 마켓 사업도 강화해나가려 한다.

e스포츠는 샌드박스네트워크가 차세대 콘텐츠로 주목하고 있는 영역이다. 현재 e스포츠는 온라인 게임이라는 개념에서 탈피해 하

나의 스포츠로 인정받는 단계에 놓여 있다. 2024년에는 올림픽에 채택될 것이라는 소문이 무성할 정도로 큰 잠재력을 갖고 있다. 콘텐츠 기업으로서 이보다 무궁무진한 성장 가능성을 지닌 분야는 없다.

우선 리그 최상위 성적을 내고 있는 리그오브레전드와 카트라이더 구단의 성공적인 운영을 이어나갈 것이다. 다음으로 주력하고 있는 것은 e스포츠 선수의 크리에이터화이다. 샌드박스네트워크의 핵심 역량인 크리에이터 매니지먼트 및 검증된 구단 운영 역량을 활용해서 이들의 크리에이티비티를 높이기 위한 지원과 영입을 확대하려 한다.

또한 기존 게임에서의 구단 운영 외에 새로운 게임 영역으로도 진출해 팀을 후원하는 등 유연한 운영을 통한 샌드박스네트워크 게이밍의 'e스포츠 영향력'을 강화하는 데 주력할 예정이다.

이처럼 e스포츠와 커머스, 버추얼 유튜버 등의 신사업과 기존 콘텐츠 사업을 융합하며 종합 콘텐츠 미디어사로서의 역량을 더욱 강화해나갈 계획이다. 더불어 변함없는 경영 철학 중 하나인 '크리에이터들이 꼭 가고 싶은 MCN 기업'으로 자리매김하기 위해 그들과 창작 네트워크를 공고히 하는 노력을 지속할 것이다.

크리에이터와 콘텐츠가 지닌 영향력이 날로 커지는 환경에서 샌드박스네트워크는 시장의 변화를 주도하며 성장하기 위한 노력뿐 아니라, 사회에 선한 영향력을 실천하며 구독자들의 사랑에도 보답

해야 한다. 그것은 4차 산업혁명 시대의 새로운 직업군과 창의적인 기업 가치를 보여주는 우리만의 미래 전략이기도 하다.

나는 오늘도 콘텐츠를 팝니다

초판 1쇄 인쇄 2020년 7월 23일 **초판 1쇄 발행** 2020년 7월 31일

지은이 이필성
펴낸이 연준혁

편집 2본부 본부장 유민우
편집 3부서 부서장 오유미
편집 김소정

펴낸곳 ㈜위즈덤하우스 **출판등록** 2000년 5월 23일 제13-1071호
주소 경기도 고양시 일산동구 정발산로 43-20 센트럴프라자 6층
전화 031)936-4000 **팩스** 031)903-3893 **홈페이지** www.wisdomhouse.co.kr

©SANDBOX. All Rights Reserved.
본 상품은 ㈜샌드박스네트워크와의 정식 라이선스 계약에 의해
㈜위즈덤하우스에서 제작, 판매하므로 무단 복제 및 전재를 금합니다.

SANDBOX

ISBN 979-11-90908-46-7 03320

* 이 책의 전부 또는 일부 내용을 재사용하려면 반드시 사전에 저작권자와 ㈜위즈덤하우스의 동의를 받아야 합니다.
* 인쇄·제작 및 유통상의 파본 도서는 구입하신 서점에서 바꿔드립니다.
* 책값은 뒤표지에 있습니다.

이 도서의 국립중앙도서관 출판예정도서목록(CIP)은 서지정보유통지원시스템 홈페이지(http://seoji.nl.go.kr)와 국가자료종합목록시스템(http://www.nl.go.kr/kolisnet)에서 이용하실 수 있습니다. (CIP제어번호: CIP2020028786)